개그맨
김 영민과 함께하는

비즈니스
일 본 어

저자 이장우 김영민

초급
중급

도서출판 예빈우

　늘 즐겨보던 개그콘서트에서 내시 역할을 하던 김영민이라는 친구를 눈여겨 보았다. 큰 역할은 아니었지만 목소리의 톤과 연기력이 뛰어났기 때문이다. 능력에 비해 자주 텔레비전에 나오지 않아서 상당히 의문을 가지기도 했다. 물론 저자의 주관적인 판단이지만 상당히 매력적인 친구라고 생각을 했다. 사람의 인연은 참으로 불가사의하다. 젊었을 때(?) 멋지다고 생각했던 친구가 이렇게 세월이 흘러서 나와 콜라보로 교재도 집필하고 인터넷강의도 하니까 말이다. 아마, 필시 전생에 부부의 연(?)이나 형제의 연 등이 있었을지도 모르겠다.

　교재의 집필은 아주 힘든 과정의 연속이다. 다양한 예문도 만들어야 하지만, 본문의 회화 내용도 나름대로 참신하게 작성해야 해서, 매일 머리를 쥐어짜는 노동을 한다. 하지만, 본 교재를 공동 집필하면서는 지금까지 느꼈던 창작의 괴로움이라는 것을 전혀 느낄 수가 없었고, 오히려 그와 만나서 미팅을 하고 교재에 대한 이야기를 나누는 날이 기다려졌다. 저자로서는 김영민이라는 친구를 통해서 활력과 에너지를 얻었기에 그에게 무한한 감사함을 느꼈다. 좋은 아이디어가 나오지 않을 때는 소주잔을 기울이기도 하였고, 멋지게 마무리가 된 날에는 맛있는 음식도 먹었다. 역시 그는 메이저에서 놀던(?) 무엇인가가 있었다.

　김영민은 본가(本家)인 충주에서 일주일에 한번씩 서울에 올라왔다. 아니, 일주일 내내 지방과 서울을 돌았기에 피곤이 쌓여 있었지만, 늘 밝은 얼굴로 저자를 대해주었기에 도대체 저런 활력과 에너지는 어디서 나오는지 궁금하기도 하였다.

그는 지금 다른 사람이 걷지 않았던, 그리고 걷기 싫어했던 새로운 길을 개척하고 있다. 저자가 무언가를 도와 주기보다는 가만히 그를 지켜보는 것이 오히려 도움이 될 거라고 생각하여 가급적이면 꼰대(?)같은 역할을 하지 않았다.

멋있는 친구다. 그의 앞날에 무한한 영광과 성과가 있기를 늙은 형이 기대한다.

대표 저자 이 장 우

이 책의 활용법

본 교재는 기초(15과)・중급(15과)・상급(15과)・응용(15과)으로 구성되어 있다. 비즈니스 일본어를 처음 접하는 학습자라도 쉽게 이해할 수 있도록 기초부터 최고급 수준까지 순차적으로 구성되어 있다.

학습사항.1 본문

본문에 등장하는 인물은 남녀 비즈니스맨이다. 일본의 회사에서 가장 많이 사용되는 비즈니스 일본어와 문형, 문장을 두 명의 비즈니스맨이 자연스럽게 대화를 나눈다. 모든 본문은 실제로 회사에서 일어나는 상황을 시뮬레이션해서 만들었다. 다양한 분야에 종사하는 일본인 회사원의 감수를 거친 것이므로 이 대화문만 정확히 암기하여도 상당히 도움이 될 것이다.

학습사항.2 핵심 내용

본문에서 다루고 있는 대화문 중에서 반드시 알아야 할 문형이나 문장을 4개 이상의 예문을 통해서 더욱 심도 있게 이해할 수 있도록 하였다. 다양한 어휘와 문장으로 구성하였으므로 비즈니스 회화를 공부하기 위한 별도의 어휘집이나 단어장을 구입하지 않도록 하였다.

학습사항.3 勉強しましょう！

본문에 나오는 핵심문장이나 표현, 문형을 4개의 예문을 통해서 더욱 이해하기 쉽도록 구성하였다. 아무래도 본문은 상황을 설정해서 대화를 하는 것이므로 다양한 표현을 하기에는 무리가 있다. 이것을 보충하기 위해서 만든 파트이기에 본문의 중요문형에 대한 이해를 더욱 높일 수 있을 것이다.

학습사항.4 勉強しましょう！상세해설

「勉強しましょう！」에 나오는 문장을 해석, 어휘설명만으로는 충분한 학습이 되지 않기에, 문장 하나 하나를 세세하게 해설하였다. 본 교재로 공부하는 학습자가 혼자서도 충분히 이해할 수 있도록 하였기에 독학자는 상당한 만족감을 느낄 것이다.

학습사항.5 もっと勉強しましょう！

대화문의 핵심문형뿐만 아니라, 비즈니스 회화에서 반드시 알아두어야 할 문장이나 표현, 단어를 이용해서 4개의 문장을 만들었다. 다양한 예문을 통해서 여러 가지 표현방법을 배울 수 있다. 많은 문장을 접하는 것은 학습자가 본인의 생각을 일본어로 표현할 수 있는 가장 좋은 방법이기 때문이다.

학습사항.6 연습문제

1. 어휘 복습 2. 작문 연습으로 구성하였다. 위의 내용들을 충분히 학습하였다면 누구나 문제를 풀 수 있도록 하였다.
    1. 어휘 복습은 학습자들이 별도의 단어공부를 하지 않고, 본 교재만으로도 충분히 복습을 할 수 있도록 구성을 하였다. 본문의 어휘뿐만 아니라 교재 전반에 나오는 어휘를 각 과를 중심으로 구성하였다.
    2. 작문 연습은 본 교재의 하이라이트라고 할 수 있다. 아무리 교재를 충분히 공부하였다고 해도 학습자들은 스스로가 확실하게 공부하였는지를 느끼지 못하는 경우가 많다. 따라서 작문 연습을 통해서 문장을 만들다 보면, 학습자가 어떤 부분이 부족하고 무엇을 잘못 기억하고 있는지를 정확하게 알 수 있다. 본문에 있는 대화문의 내용을 충분히 이해했다면 누구라도 풀 수 있도록 구성하였다.

초급

第01課	〜ていただけませんか 〜해 주실 수 없겠습니까	**12**
第02課	どうしたらいいんですか 어떻게 하면 되겠습니까?	**20**
第03課	結構です 괜찮습니다	**28**
第04課	幸いです 다행입니다	**36**
第05課	〜ことができる 〜할 수가 있다	**44**
第06課	勘弁 용서	**52**
第07課	〜ように 〜하도록	**60**
第08課	いかがでしょうか 어떻습니까?	**68**

第０９課	前向き 전향적	**76**
第１０課	かまいません 상관없습니다	**84**
第１１課	差し支えない 지장이 없다	**92**
第１２課	注意いたします 주의하겠습니다	**100**
第１３課	扱っています 취급하고 있습니다	**108**
第１４課	任せてください 맡겨주세요	**116**
第１５課	最善を尽くします 최선을 다하겠습니다	**124**

중급

第０１課	まいる 오다/가다 의 겸양표현	**134**
第０２課	承知する 알다 의 겸양표현	**142**
第０３課	申し訳ございません 죄송합니다	**150**
第０４課	お言葉に甘えて 정 그러시다면	**158**
第０５課	先ほど 조금 전	**166**
第０６課	～でございます ～입니다(정중한 표현)	**174**
第０７課	～ところです ～할 참입니다	**182**
第０８課	お気持ちだけ 마음만	**190**

第０９課	そんなことありません	**198**
	그렇지 않습니다	
第１０課	お世話になる	**206**
	신세를 지다	
第１１課	このへんで	**214**
	이쯤에서	
第１２課	よろこんで	**222**
	기꺼이	
第１３課	弊社	**230**
	저희 회사	
第１４課	貴社	**238**
	귀사	
第１５課	何になさいますか	**246**
	무엇으로 하시겠습니까?	

초급

unit. 1 〜ていただけませんか

일상회화

山本 ： 高杉さん、すみませんが、私の代わりにこれをしていただけませんか。

高杉 ： どういうことですか。

山本 ： この書類を大和証券に送ってほしいんです。

高杉 ： 郵便ですか、それともメールでもかまいませんか。

山本 ： 郵便でお願いします。

高杉 ： 午前中は私も手が離せないので、午後にお送りします。

山本 ： ありがとうございます。それではお願いします。

高杉 ： いいえ、任せてください。

어휘 표현

- □ 代(か)わり 대신　□ 書類(しょるい) 서류　□ 証券(しょうけん) 증권　□ 送(おく)る 보내다
- □ 〜てほしい 〜해 주기를 바라다　□ 郵便(ゆうびん) 우편　□ それとも 그렇지 않으면
- □ 午前中(ごぜんちゅう) 오전 중　□ 手(て)が離(はな)せない 손을 뗄 수 없다, 바쁘다　□ 午後(ごご) 오후
- □ 任(まか)せる 맡기다

야마모토 : 타카스기 씨, 죄송합니다만, 저 대신에 이것을 해 주실 수 없겠습니까?
타카스기 : 어떤 일입니까?
야마모토 : 이 서류를 다이와증권에 보내주기를 바랍니다.
타카스기 : 우편입니까? 그렇지 않으면 메일이라도 상관없습니까?
야마모토 : 우편으로 부탁합니다.
타카스기 : 오전 중에는 저도 바쁘니, 오후에 보내겠습니다.
야마모토 : 감사합니다. 그럼 부탁합니다.
타카스기 : 아뇨, 맡겨 주세요.

「〜ていただきませんか」 라고 하면 틀린 표현이므로 주의해야 합니다.

다른 예문을 보면
「見ていただけませんか:봐 주실 수 없겠습니까?」
「貸していただけませんか:빌려 주실 수 없겠습니까?」
「来ていただけませんか:와 주실 수 없겠습니까?」 입니다.

그리고 이 문장은 「〜てくださいませんか:〜해 주시겠습니까?」 와 같은 표현으로 사용됩니다.

즉, 위의 예문은,
「見てくださいませんか:봐 주실 수 없겠습니까?」
「貸してくださいませんか:빌려 주실 수 없겠습니까?」
「来てくださいませんか:와 주실 수 없겠습니까?」 라고 할 수 있습니다.

unit. 1 〜ていただけませんか

勉強しましょう！

① ＦＡＸで地図を送っていただけませんか。

② お願いがありますが、お金を貸していただけませんか。

③ この報告書にざっと目を通していただけませんか。

④ すみませんが、２〜３分時間をさいていただけませんか。

어휘 표현

- □ 地図 지도　□ 送る 보내다　□ お願い 부탁　□ お金 돈　□ 貸す 빌려주다
- □ 報告書 보고서　□ ざっと 대충　□ 目を通す 훑어보다　□ 時間をさく 시간을 내다

勉強しましょう！상세설명

① 팩스로 지도를 보내주실 수 없겠습니까?

본문강의에서도 설명했듯이 「〜ていただけませんか」는 「〜てくださいませんか」와 같은 표현입니다. 그래서 「送る」라는 동사에 접속하여 「送っていただけませんか」 혹은 「送ってくださいませんか」라고 표현할 수 있습니다. 만일 메일로 뭔가를 보내 달라고 정중하게 부탁할 때는 「メールで〜を送っていただけませんか」「メールで〜を送ってくださいませんか」라고 할 수 있겠죠. 예를 들면, 「メールで契約書を送っていただけませんか:메일로 계약서를 보내주실 수 없겠습니까?」 입니다.

② 부탁이 있습니다만, 돈을 빌려주실 수 없겠습니까?

여기서 중요한 표현은 「貸す」라는 동사인데 「借りる」와 비교해서 암기하는 것이 좋습니

다. 「貸す」는 「내가 다른 사람에게 돈을 빌려주는 것」이지만 「借りる」는 「내가 다른 사람에게 돈을 빌리는 것」입니다. 그런데 활용은 「貸す」라는 동사만 가능합니다. 즉, 「貸してください:빌려 주세요」 「貸してもらう:빌려 받다(=빌리다)」 「貸してあげる:빌려 주다」 등의 활용은 가능하지만, 「借りてください」 「借りてもらう」 등의 표현은 불가능합니다. 다만, 「借りてあげる」는 「다른 사람에게 빌려서 주다」라는 의미로 사용하는데, 유일하게 활용할 수 있는 표현입니다.

③ 이 보고서를 대충 훑어봐 주실 수 없겠습니까?

「ざっと目を通す: 대충 훑어보다」라는 표현을 반드시 알아주세요. 비즈니스회화나 회사에서 많이 사용하는 표현입니다. 예를 들면,

학생 : 山田(やまだ)教授(きょうじゅ)、私の論文(ろんぶん)をご覧(らん)になりましたか。

야마다 교수님, 저의 논문을 보셨습니까?

교수 : うん。ざっと目を通したけどなかなかよかったよ。

응. 대충 훑어보았는데 상당히 좋았어.

입니다. 여기서 「ご覧(らん)になる」는 「見(み)る-보다」의 존경표현입니다.

④ 죄송합니다만, 2~3분 시간을 내주실 수 없겠습니까?

일본어로 「시간을 내다」라는 표현은 「時間をさく」라고 하는데, 반드시 알아주세요. 이 처럼, 「~ていただけませんか」는 비즈니스 회화에서 다른 사람에게 뭔가를 부탁할 때 자주 사용하는 표현이기 때문에 알아두시기 바랍니다.

unit. 1 　～ていただけませんか

もっと勉強しましょう！

① もうすこしあなた自身について教えてくださいませんか。
→ 좀 더 당신 자신에 대해서 가르쳐 주시지 않겠습니까?

② どうやって注文するのか教えてくださいませんか。
→ 어떻게 주문하는지 가르쳐 주시지 않겠습니까?

③ プロジェクトの詳細について教えてくださいませんか。
→ 프로젝트의 상세한 것에 대해서 가르쳐 주시지 않겠습니까?

④ 書類を私に送ってくださいませんか。
→ 서류를 나에게 보내 주시지 않겠습니까?

어휘 표현

- もうすこし 조금 더
- 自身 자신
- ～について ～에 대해서
- 教える 가르치다
- 注文 주문
- 詳細 상세
- 書類 서류
- 送る 보내다

 어휘연습

어휘	읽기	의미
書類		
証券		
郵便		
午前中		
任せる		
地図		

 작문연습

1. 저 대신에 회의에 참석해 주실 수 없겠습니까?

2. 거래를 제안하는 메일을 일본에 보내주기를 바랍니다.

3. 편지는 부장님 앞입니까? 그렇지 않으면 과장님 앞입니까?

unit.1 ～ていただけませんか

 문제풀이

어휘	읽기	의미
書類	しょるい	서류
証券	しょうけん	증권
郵便	ゆうびん	우편
午前中	ごぜんちゅう	오전 중
任せる	まかせる	맡기다
地図	ちず	지도

1. 私の代わりに会議に参加していただけませんか。

2. 取引を提案するメールを日本に送ってほしいんです。

3. 手紙は部長宛てですか、それとも課長宛てですか。

일본에서 가장 높은 산 Best 5

알아두기

1위 후지산 　富士山(ふじさん) 3,776m

2위 기타다케 　北岳(きただけ) 3,193m

3위 호타카다케 　穂高岳(ほたかだけ) 3,190m

4위 아이노다케 　間ノ岳(あいのだけ) 3,190m

5위 야리가다케 　槍ヶ岳(やりがたけ) 3,180m

대만통치시절에는 新高山(にいたかやま)(玉山(ぎょくさん))의 3,952m가 최고봉이었다.

どうしたらいいんですか

일상회화

島津　：　高杉さん、今ちょっとよろしいでしょうか。

高杉　：　はい、何でしょうか。

島津　：　昨日の会議のことなんですが、私はA、B、Cの案の中からBを選んだのですが、どう思いますか。

高杉　：　ふむ、私はBもいいと思いますが、Cのほうも…。

島津　：　そうですか。それじゃ、どうしたらいいんですか。

高杉　：　とりあえず、部長に伺ってみてはどうですか。

島津　：　あ、それがいいですね。ありがとうございます。

高杉　：　いいえ。困ったことがあったらいつでも聞いてみてください。

어휘 표현

- 今 지금
- 昨日 어제
- 会議 회의
- 案 안
- 選ぶ 선택하다
- とりあえず 우선
- 部長 부장
- 伺う「聞く-묻다/訪ねる-방문하다」의 겸양어
- 困る 곤란하다

시마즈 : 타카스기 씨, 지금 잠시 괜찮습니까?
타카스기 : 예, 무슨 일이에요?
시마즈 : 어제의 회의에 관한 것입니다만, 저는 A, B, C의 안 중에서 B를 선택했습니다만, 어떻게 생각합니까?
타카스기 : 흠, 저는 B도 좋다고 생각합니다만, C쪽도….
시마즈 : 그렇습니까? 그럼, 어떻게 하면 되겠습니까?
타카스기 : 우선, 부장님께 여쭤 보는 것은 어떨까요?
시마즈 : 아, 그게 좋겠군요. 감사합니다.
타카스기 : 아뇨. 곤란한 일이 있으면 언제든지 물어봐 주세요.

「どうしたらいいんですか」는「어떻게 하면 되겠습니까?/어떻게 하면 좋겠습니까?」라고 해석이 되는 문장입니다. 다양한 장면에서 사용할 수 있는데, 「내 자신이 앞으로 어떤 식으로 행동이나 말을 하면 좋은가」에 대해서 상대방의 의견이나 생각을 묻는 표현입니다. 친구나 동년배, 후배에게는 「どうしたらいい？:어떻게 하면 돼？ 어떻게 하면 좋아?」라고 합니다. 그럼 다른 예문을 통해서 좀 더 상세히 알아보겠습니다.

정중하게 물어볼 경우는,
パスワードを忘れた場合はどうしたらいいんですか。
비밀번호를 잊었을 경우는 어떻게 하면 됩니까?
周辺の観光地を知るにはどうしたらいいですか。
주변의 관광지를 알려면 어떻게 하면 됩니까?

보통어로 물어볼 경우는,
私はこれからどうしたらいい？
나는 앞으로 어떻게 하면 돼?
うるさい人を静かにするにはどうしたらいい？
시끄러운 사람을 조용히 하려면 어떻게 하면 돼?

unit.2 どうしたらいいんですか

勉強しましょう！

① 払い戻しはどうしたらいいんですか。

② この書類をどうしたらいいんですか。

③ これからどうしたらいいんですか。

④ この商品をどうしたらいいんですか。

어휘 표현
□ 払い戻し 환불   □ 書類 서류   □ 商品 상품

勉強しましょう！상세설명

① 환불은 어떻게 하면 됩니까?

일본에서 쇼핑할 때 사용할 수 있는 표현이 되겠죠. 여기서 「払い戻し」라는 표현을 알아두기 바랍니다. 「払い戻す:환불하다」라는 동사의 명사형이 「払い戻し」입니다. 「払う:지불하다」라는 동사와 「戻す:되돌려주다」라는 동사가 합쳐져 만들어진 동사입니다. 「払い戻す」「払い戻し」쇼핑할 때 정말 편리하게 사용할 수 있는 단어이니 암기해 주세요.

② 이 서류를 어떻게 하면 됩니까?

이 문장에서는 다양한 어휘를 공부해 보겠습니다. 「書」라는 한자가 들어가는 「書籍:서적」「書道:서예」「文書:문서」「書留:등기」가 있습니다. 그리고 일본은 현금도 등기로 보낼 수가 있는데, 우체국에 가서 「現金書留、お願します:현금등기 부탁합니다」라고 말하면 됩니다. 그리고 「類」라는 한자가 들어가는 「人類:인류」「種類:종류」 등이 있어요.

다양한 단어를 안다는 것은 그만큼 표현할 수 있는 문장이 많아진다는 것을 의미하니 하나씩 하나씩 공부해 보도록 합시다.

③ 앞으로 어떻게 하면 됩니까?

「これから」라는 단어를 사용해서 다른 예문도 알아보아요.

「これから会社へ行きます:이제부터 회사에 갑니다」

「これから気をつけます:앞으로 주의하겠습니다」

「人生はこれから:인생은 지금부터」

「これから始まる日本ドラマ:앞으로 시작되는 일본드라마」 등, 지금부터 미래에 일어나는 일이나 행동에 대해서 표현할 때 「これから」라는 표현을 사용합니다.

④ 이 상품을 어떻게 하면 됩니까?

이 문장에서는 다양한 어휘를 공부해 보겠습니다. 「商」이라는 한자가 들어가는 단어 중, 「商売:장사」 「商い:장사」라는 단어가 있는데, 일본에 놀러 가시면 가게 앞에 「商い中:장사 중」이라는 팻말이 걸려 있는 것을 자주 보실 수 있을 겁니다. 이 말은 지금 「영업 중」이라는 의미로서 「営業中:영업 중」이라는 단어와 같은 의미입니다. 그리고 「品」이라는 한자가 들어가는 「品物:물건」 「品切れ:품절」이라는 단어가 있어요. 쇼핑을 할 때, 내가 찾고자 하는 물건이 있는지 없는지 물어보았을 때, 점원이 「品切れです」라고 하면 깨끗이 포기하고 돌아서야 한다는 것을 잊지 마세요!

unit. 2 どうしたらいいんですか

もっと勉強しましょう！

① 私がそちらで展示するにはどうしたらいいですか。
   → 제가 그쪽에서 전시하려면 어떻게 하면 됩니까?

② これをどう発音したらいいのですか。
   → 이것을 어떻게 발음하면 됩니까?

③ どうやって注文したらいいんですか。
   → 어떻게 주문하면 됩니까?

④ どうやってストレスを発散したらいいのですか。
   → 어떻게 스트레스를 발산하면 됩니까?

어휘 표현

□ 展示 전시   □ 동사기본형+には ~하려면   □ 発音 발음   □ 注文 주문
□ 発散 발산

어휘연습

어휘	읽기	의미
昨日		
会議		
選ぶ		
困る		
展示		
発音		

작문연습

1. 어떻게 광고하면 좋을지 모르겠다.

2. 신주쿠에 가려면 몇 번선을 탑니까?

3. 내일 찾아 뵈어도 되겠습니까?

どうしたらいいんですか

문제풀이

어휘	읽기	의미
昨日	きのう	어제
会議	かいぎ	회의
選ぶ	えらぶ	선택하다
困る	こまる	곤란하다
展示	てんじ	전시
発音	はつおん	발음

1. どう広告_{こうこく}したらいいか分_わからない。

2. 新宿_{しんじゅく}に行_いくには何番線_{なんばんせん}に乗_のりますか。

3. 明日_{あした}お伺_{うかが}いしてもいいですか。

일본에서 가장 긴 강 Best 5

알아두기

1위 시나노 信濃川(しなのがわ) 367km

2위 도네 利根川(とねがわ) 322km

3위 이시카리 石狩川(いしかりがわ) 268km

4위 데시오 天塩川(てしおがわ) 256km

5위 기타카미 北上川(きたかみがわ) 249km

제일 긴 信濃川(しなのかわ)는 東京(とうきょう)⇔名古屋(東海道新幹線(とうかいどうしんかんせん):도카이 신칸센)의 거리와 같고
순환선인 山手の線(やまてのせん)(야마테센)이라면 약 10바퀴의 길이

結構です

일상회화

店員　：　ただ今アンケートを行っております。差し支えなければお電話番号を教えていただけないでしょうか。

お客　：　結構です。

店員　：　ありがとうございます。電話番号を教えてくださった方にはもれなく謝恩品を差し上げます。

お客　：　そうですか。

店員　：　お名前と住所まで教えていただければもっといい物がもらえますよ。

お客　：　どんな物がもらえるんでしょうか。

店員　：　電話番号だけは絵葉書１０枚、お名前と住所は千円のビール券でございます。

お客　：　いいですね。どこに書けばいいんですか。

어휘 표현

- 店員 점원
- ただ今 지금
- 行う 행하다
- 差し支え 지장이 없다
- 電話番号 전화번호
- 教える 가르치다
- お客 손님
- 方 분
- もれなく 빠짐없이
- 謝恩品 사은품
- 差し上げる 「あげる-주다」의 겸양어
- お名前 성함
- 住所 주소
- もっと 더욱
- 物 물건
- 絵葉書 그림엽서
- 枚 장
- ビール券 맥주상품권
- 書く 쓰다

해 석

점원 : 지금 앙케트를 행하고 있습니다. 지장이 없다면 전화번호를 가르쳐 주실 수 없겠습니까?
손님 : 괜찮습니다.
점원 : 감사합니다. 전화번호를 가르쳐 주신 분께는 빠짐없이 사은품을 드립니다.
손님 : 그렇습니까?
점원 : 성함과 주소까지 가르쳐 주시면 더욱 좋은 물건을 받을 수 있습니다.
손님 : 어떤 물건을 받을 수 있습니까?
점원 : 전화번호만은 그림엽서 10장, 성함과 주소는 천 엔의 맥주 상품권입니다.
손님 : 좋군요. 어디에 쓰면 됩니까?

핵심내용

3과에서 배울 핵심 내용은 「結構です」 입니다. 긍정적인 의미로 사용할 때는 「좋습니다」 라는 의미로서 상대방의 제안에 기꺼이 응할 때도 사용할 수 있지만, 부정적인 의미로 사용할 때는, 「정중한 사양」 을 의미합니다.

더 드시겠습니까? 「いいえ、結構です:아뇨, 괜찮습니다」
한잔 하시겠습니까? 「いいえ、結構です:아뇨, 괜찮습니다」
라고 상대방의 제안에 정중하게 사양을 할 때 표현합니다.

그리고, 상대방이 나에게 뭔가를 부탁하여, 기꺼이 응할 때는, 예를 들면,
사진 찍어 주실 수 없겠습니까? 「はい、結構です:예 좋습니다」
저기 걸린 옷 보여주실 수 없겠습니까? 「はい、結構です:예 좋습니다」 등으로 사용할 수가 있죠. 긍정이든 부정이든 둘 다 정중하게 표현하는 것이므로 알아두면 다양하게 써먹을 수 있어요.

unit.3 結構です

勉強しましょう！

① それはすでに持っているので結構です。

② A：これでいいですか。
　　B：結構です。ご対応ありがとうございました。

③ A：何か要りますか。
　　B：間に合っているので結構です。

④ 確かに納品物をお預かりしました。こちらの内容で結構です。

어휘 표현
- □ すでに 이미, 벌써　□ 持つ 들다, 가지다　□ 対応 대응　□ 何か 뭔가　□ 要る 필요하다
- □ 間に合う 양이나 시간에 맞다　□ 確かに 확실히　□ 納品物 납품물건
- □ お+동사ます형+する 겸양표현　□ 預かる 맡다　□ 内容 내용

勉強しましょう！ 상세설명

① 그것은 이미 들고 있으니 괜찮습니다.

어떤 물건을 이미 내가 가지고 있기에, 상대방이 나에게 주지 않아도 괜찮다는 표현입니다. 여기서「すでに」라는 표현에 대해서 알아볼까요?「もう」라는 단어와 같은 의미로서「이미, 벌써」라는 뜻입니다. 다른 예문을 볼까요.

「彼はすでに大人です：그는 이미 어른입니다」
「友だちはすでに帰りました：친구는 벌써 돌아갔습니다」
「映画はすでに終わりました：영화는 벌써 끝났습니다」입니다. 이 때「すでに」대신에「もう」를 사용해도 같은 의미가 됩니다.

② A：이것으로 되겠습니까?

B : 충분합니다. 대응 감사했습니다.

상대방의 질문에 대해서 충분하다, 훌륭하다, 괜찮다 라고 답변한 대화문입니다. 여기서「結構」의 다른 의미를 한 개 알아볼게요.「結構」는「매우, 상당히」라는 의미로도 사용됩니다. 예를 들면,

「これは結構高いですね:이것은 상당히 비싸군요」
「今日は結構寒いですね:오늘은 상당히 춥군요」입니다. 즉「부사」로도 사용되기에「結構」를 이용한 다양한 문장이 나올 수 있겠죠.

③　　A : 뭔가 필요합니까?
　　　B : 충분하니 괜찮습니다.

「間に合う」는「시간이나 양이 맞다, 충분하다」는 의미입니다. 질문에서「뭔가 필요합니까?」라고 물었는데,「어떠한 물건이 적당히 있어서 충분합니다」라고 대답한 대화문입니다.「間に合う」를 사용한 다른 예문을 보면,

「今、出発すると間に合います:지금 출발하면 시간에 맞습니다」
「それで間に合いますか:그것으로 충분합니까?」입니다.

④ 확실히 납품물건을 받았습니다. 이쪽의 내용으로 충분합니다.

「確かに:확실히」라는 표현은 많이 사용하는 표현이죠.
「私はそれを確かに受け取りました:저는 그것을 확실히 받았습니다」
「彼は確かにまじめです:그는 확실히 성실합니다」등의 예문을 들 수 있습니다.
그리고「お預かりしました」는 일본의 가게에서 쇼핑을 할 때, 점원에게 돈이나 신용카드를 건네면「お預かりしました:받았습니다」라고 말을 하죠. 원래「預かる」는「어떤 물건이나 돈을 맡다」는 의미입니다. 따라서, 점원이 손님에게 물건 값으로 현금이나 신용카드를 받으면「お預かりしました」라고 말을 하는 것입니다.

unit.3 結構です

もっと勉強しましょう！

① あそこのレストランは、安いのに結構おいしいんですよ。
→ 저곳의 레스토랑은 싸지만 상당히 맛있습니다.

② 　　　A : 彼はいつもダメだよね。全然頼りにならない。
　　　　B : たしかにね。でも、あれでも、結構いいところもあるんだよ。
→ 　　A : 그는 항상 안 돼. 전혀 의지가 되지 않아.
　　　　B : 확실히 그래. 하지만, 저래도 상당히 장점도 있어.

③ トイレのあとで、手を洗わない人は結構たくさんいます。
→ 화장실을 사용한 뒤에 손을 씻지 않는 사람은 상당히 많이 있습니다.

④ この店のラーメンは結構辛いけど、いくらでも食べられます。
→ 이 가게의 라면은 상당히 맵지만, 얼마든지 먹을 수 있습니다.

어휘 표현

- □ 安い 싸다　□ 結構 상당히　□ おいしい 맛있다　□ 全然 전혀
- □ 頼り 의지, 믿음　□ たしかに 확실히　□ いいところ 좋은 점, 장점
- □ あと 뒤　□ 手 손　□ 洗う 씻다　□ 店 가게　□ 辛い 맵다
- □ いくらでも 얼마든지

 어휘연습

어휘	읽기	의미
店員		
謝恩品		
住所		
絵葉書		
大人		
頼り		

 작문연습

1. 지장이 없으면, 여기서는 흡연을 하지 않도록 부탁합니다.

2. 이 용지에 빠짐없이 기입해 주세요.

3. 추첨에 당첨된 분에게 선물을 드립니다.

unit. 3 結構です

문제풀이

어휘	읽기	의미
店員	てんいん	점원
謝恩品	しゃおんひん	사은품
住所	じゅうしょ	주소
絵葉書	えはがき	그림엽서
大人	おとな	어른
頼り	たより	의지, 믿음

1. 差し支えなければここでは喫煙しないようにお願いいたします。

2. この用紙にもれなくご記入ください。

3. 抽選に当たった方にプレゼントを差し上げます。

알아두기

일본에서 가장 큰 호수 Best 5

1위 비와코
琵琶湖(滋賀県) 670km

2위 가스미가우라
霞ヶ浦(茨城県) 167km

3위 사로마호
サロマ湖(北海道) 151km

4위 이나와시로호
猪苗代湖(福島県) 103km

5위 나카우미
中海(島根県·鳥取県) 86km

단위: 평방킬로미터
琵琶湖는 東京 23구 (621)가 쏙 들어가는 크기

unit. 4 　幸いです

일상회화

島津　：　高杉さん、いつまで提案書を送ればよろしいでしょうか。

高杉　：　少なくとも今月の１０日までに提出していただけると幸いです。

島津　：　１０日までにですか。もうちょっと延ばしてもらえませんか。

高杉　：　ふーむ、それではいつまで送ってくださいますか。

島津　：　今月末までなら大丈夫だと思いますが。

高杉　：　今月末までは待てませんよ。２０日までにお願いします。

島津　：　かしこまりました。ありがとうございます。

高杉　：　それじゃ、頑張ってください。

어휘 표현

- 提案書(ていあんしょ) 제안서
- 送る(おくる) 보내다
- 少なくとも(すくなくとも) 적어도
- 今月(こんげつ) 이번 달
- 提出(ていしゅつ) 제출
- 延ばす(のばす) 연기하다
- 今月末(こんげつまつ) 이번 달 말
- 大丈夫だ(だいじょうぶだ) 문제없다
- 待つ(まつ) 기다리다
- かしこまる 「分(わ)かる-알다」의 겸양어
- 頑張る(がんばる) 열심히 하다

시마즈	: 타카스기 씨, 언제까지 제안서를 보내면 되겠습니까?
타카스기	: 적어도 이번 달 10일까지 제출해 주시면 감사하겠습니다.
시마즈	: 10일까지입니까? 좀 더 연기해 줄 수 없겠습니까?
타카스기	: 흠, 그럼 언제까지 보내 주시겠습니까?
시마즈	: 이번 달 말까지라면 문제없다고 생각합니다만.
타카스기	: 이번 달 말까지는 기다릴 수 없습니다. 20일까지 부탁합니다.
시마즈	: 알겠습니다. 감사합니다.
타카스기	: 그럼, 열심히 하세요.

4과에서 배울 핵심 내용은 「幸い」라는 단어입니다. 「다행, 행복, 다행히」라는 의미를 가지고 있으며, 비즈니스 일본어로 많이 사용되는 「幸いです」는 「좋겠습니다」 「감사하겠습니다」라는 의미를 가지고 있습니다. 주로 가정형과 접속하여 많이 사용되는데, 「~하면 좋겠습니다」 「~하면 감사하겠습니다」 등으로 해석할 수 있겠죠. 그럼 가정형에 접속된 예문을 보겠습니다.

新年会の出席確認を行いますので、明日までに返答いただけると幸いです。
신년회의 출석확인을 행하니 내일까지 답변 주시면 감사하겠습니다.
こちらの資料を明日の朝までに提出していただけると幸いです。
이쪽의 자료를 내일 아침까지 제출해 주실 수 있다면 감사하겠습니다.
明日の朝、相談に乗っていただけると幸いです。
내일 아침, 상담에 응해 주실 수 있다면 감사하겠습니다.
ささやかなものですが、喜んでいただければ幸いです。
자그마한 것이지만, 기뻐해 주실 수 있다면 감사하겠습니다.

unit. 4 幸いです

勉強しましょう！

① 早めにお送りいただけると 幸いです。

② 間違いがございましたら、訂正していただけると 幸いです。

③ お伺いしたいことがございますので、お時間いただけますと 幸いに存じます。

④ 来週までにご返信いただけると 幸いです。

어휘 표현

- □ 早めに 조금 빨리   □ お+동사ます형+いただく 존경표현   □ 送る 보내다
- □ 間違い 틀린 것   □ ございます 「あります-있습니다」의 정중한 표현   □ 訂正 정정
- □ お+동사ます형+する 겸양표현   □ 伺う 「聞く-묻다/訪ねる-방문하다」의 겸양어
- □ 時間 시간   □ 存じる 「思う-생각하다의」 겸양어   □ 来週 다음 주   □ 返信 답변, 답신

勉強しましょう！ 상세설명

① 조금 빨리 보내주실 수 있으면 감사하겠습니다.

본문 강의에서 「幸いです」는 가정형과 접속을 하여, 「~하면 좋겠습니다」 「~하면 감사하겠습니다」 등으로 해석할 수 있다고 했습니다. 그럼, 새로운 표현 「早めに」에 대해서 알아볼까요. 「早い」는 「빠르다」라는 형용사입니다. 여기서 「い」를 뺀 형태를 「형용사의 어간」이라고 합니다. 즉, 「형용사어간」에 「めに」를 접속하면 「조금~한 듯이」라는 표현이 돼요. 다른 예문을 볼까요. 「多に:조금 많은 듯이」 「長めに:조금 긴 듯이」 「大きめに:조금 큰 듯이」 입니다. 아이들은 빨리 성장하니까, 바지를 살 때는 「長めに:조금 긴 듯이」 「大きめに:조금 큰 듯이」 사면 좋겠죠.

② 틀린 것이 있다면, 정정해 주신다면 감사하겠습니다.

「ございました」라는 표현이 나와 있습니다. 「ございます」는 「あります」의 정중한 표현입니다. 즉, 나의 행위에 대해서 사용하면 「겸양표현」이 되지만, 다른 사람의 행위에 대해서 사용하면 「존경표현」이 됩니다. 예를 들어, 상대방에게 시간이 있는지 물을 때는, 「時間がございますか」는 존경표현이 되지만, 내가 「時間がございません」이라고 하면 겸양표현이 됩니다. 한글의 「말씀」이라는 단어처럼 존경과 겸양을 같이 가지고 있는 표현입니다.

③ 여쭙고 싶은 것이 있으니, 시간을 내 주신다면 감사하게 생각하겠습니다.
「伺う」는 앞에서 충분히 배웠기에 설명은 생략하도록 하겠습니다. 그런데 「お伺いしたい」라는 표현에 대해서 알아보아요. 자신을 낮추는 겸양표현의 공식 중에, 「お+동사ます형+する」라는 것이 있어요. 대표적인 예가 「おねがいします」입니다. 「ねがう」라는 동사의 ます형 「ねがい」에 「お+동사ます형+する」라는 공식이 적용된 것이죠. 즉, 내가 다른 사람에게 뭔가를 부탁할 때는 겸손하게 표현해야 하므로 「おねがいします」라고 합니다. 다른 예문을 볼까요.
「おかえりします:돌아겠습니다」
「おまちします:기다리겠습니다」 등입니다. 내가 귀가를 하는 것이고, 내가 기다리는 것이기 때문에 겸양표현을 사용합니다.

④ 다음 주까지 답변해 주실 수 있다면 좋겠습니다.
「来週までに」에서 「までに」에 대해서 배웠습니다. 「다음주 이전 아무 때나」라는 의미라는 것을 알 수 있습니다. 그리고 「返信」은 「답변, 회신」이라는 의미입니다. 「返事」라고 표현해도 괜찮습니다.

unit.4 幸いです

もっと勉強しましょう！

① 幸いに好天に恵まれた。
　→ 다행스럽게 날씨가 좋다.

② 幸いにも大した怪我はなかった。
　→ 다행스럽게도 큰 부상은 없었다.

③ 添付の資料をご参照いただければ幸いです。
　→ 첨부 자료를 참조해 주시면 감사하겠습니다.

④ 幸いにもグーグルマップを持っている。
　→ 다행스럽게도 구글지도를 가지고 있다.

어휘 표현

□ 好天 좋은 날씨　□ 恵まれる 복 받다　□ 大した 대단한, 큰　□ 怪我 부상
□ 添付 첨부　□ 資料 자료　□ 参照 참조

 어휘연습

어휘	읽기	의미
提案書		
今月		
延ばす		
大丈夫だ		
資料		
相談		

 작문연습

1. 몇 시까지 사무실로 가면 됩니까?

2. 적어도 이것만은 약속하겠습니다.

3. 다음주까지는 기다릴 수 없으니 이번주말까지 돈을 갚아주세요.

unit. 4 幸いです

문제풀이

어휘	읽기	의미
提案書	ていあんしょ	제안서
今月	こんげつ	이번 달
延ばす	のばす	연기하다
大丈夫だ	だいじょうぶだ	문제없다
資料	しりょう	자료
相談	そうだん	상담

1. 何時(なんじ)まで事務所(じむしょ)に行(い)けばいいですか。

2. 少(すく)なくともこれだけは約束(やくそく)します。

3. 来週(らいしゅう)までは待(ま)てないから今週末(こんしゅうまつ)までにお金(かね)を返(かえ)してください。

알아두기

일본에서 유역면적이 넓은 강 Best 5

1위 도네 利根川(とねがわ) 16,840km

2위 이시카리 石狩川(いしかりがわ) 14,330km

3위 시나노 信濃川(しなのがわ) 11,900km

4위 기타카미 北上川(きたかみがわ) 10,150km

5위 기소 木曽川(きそがわ) 9,100km

 단위 : 평방킬로미터

유역면적이라고 하는 것은 그 강에 흘러 들어오는 비나 눈이 내리는 범위를 말하는 것으로 단순히 그 하천의 강 폭이나 하천의 넓이는 아니다.

초급_第4課 幸いです | 43

unit.5 ～ことができる

일상회화

島津 ： 高杉さんは英語でメールを打つことができますか。

高杉 ： いいえ、6カ月前から英語を習っていますが、メールまではちょっと。

島津 ： 私も会話はできますが、メールは無理です。

高杉 ： 特にビジネスメールはもっと難しいです。

島津 ： そうですね。総務課の吉田さんは英語がとても上手だそうですよ。

高杉 ： アメリカで大学を卒業したからでしょう。

島津 ： そうですか。それは知らなかったんです。

高杉 ： とにかく私たちも頑張らないといけませんね。

어휘 표현

- ☐ 英語 영어 ☐ メールを打つ 메일을 보내다 ☐ 習う 배우다 ☐ 会話 회화
- ☐ 無理 무리 ☐ 特に 특히 ☐ もっと 더욱 ☐ 難しい 어렵다
- ☐ 総務課 총무과 ☐ 上手だ 능숙하다 ☐ 大学 대학 ☐ 卒業 졸업
- ☐ とにかく 여하튼

해석

시마즈　　：타카스기 씨는 영어로 메일을 보낼 수가 있습니까?
타카스기　：아뇨, 6개월 전부터 영어를 배우고 있습니다만, 메일까지는 좀.
시마즈　　：저도 회화는 가능합니다만, 메일은 무리입니다.
타카스기　：특히 비즈니스 메일은 더욱 어렵습니다.
시마즈　　：맞아요. 총무과의 요시다 씨는 영어를 매우 잘한다고 합니다.
타카스기　：미국에서 대학을 졸업했기 때문이겠죠.
시마즈　　：그렇습니까? 그건 몰랐습니다.
타카스기　：여하튼 우리들도 열심히 해야겠죠.

핵심내용

이 과에서는 「ことができる:할 수가 있다」는 표현에 대해서 공부해보도록 해요. 부정문으로 표현하면 「ことができない:할 수가 없다」가 되겠죠. 「食べることができる:먹을 수가 있다」 「見ることができる:볼 수가 있다」 「泳ぐことができる:수영할 수가 있다」 등으로 표현할 수 있어요. 다만, 「ことができる」는 「조건부」로 「할 수가 있다」는 의미여서, 그 동사가 가지고 있는 자체 가능동사와는 차이가 있습니다. 예를 들어, 「泳ぐことができる」는 바다에서는 수영을 못하지만, 풀장에서는 할 수 있다, 튜브가 있으면 수영을 할 수 있다 등의 의미이지만, 「泳げる」는 아무런 조건이 없이 어디서든 수영을 할 수 있다는 의미가 됩니다.

unit.5 ～ことができる

勉強しましょう！

① コピーをすることができますか。

② 2年生は3時から体育館を使うことができます。

③ 今日は飛行機に乗ることができません。

④ 悪天候のため、商品を送ることができません。

어휘 표현
- ☐ 年生(ねんせい) 학년　☐ 体育館(たいいくかん) 체육관　☐ 使う(つかう) 사용하다　☐ 今日(きょう) 오늘　☐ 飛行機(ひこうき) 비행기
- ☐ 乗る(のる) 타다　☐ 悪天候(あくてんこう) 악천후　☐ 商品(しょうひん) 상품　☐ 送る(おくる) 보내다

勉強しましょう！상세설명

① 복사할 수가 있습니까?

「복사를 하다」는「コピーをする」라고 합니다.「コピー:복사」와 「コーヒー:커피」라는 단어를 헷갈리지 않도록 해요.

② 2학년은 3시부터 체육관을 사용할 수가 있습니다.

일본어에서는「학년」을「年生(ねんせい)」라고 합니다. 그럼,「반」은 어떻게 표현할까요?「반」은「組(くみ)」라고 해요. 그럼「3학년 5반」은 어떻게 말할까요?「３年５組(ねん くみ)」라고 해요. 즉, 단독으로「학년」을 표현할 때는「年生(ねんせい)」를 사용하지만,「～학년～반」이라고 할 때는 그냥「～年(ねん)～組(くみ)」라고 해요. 기본적인 것이지만 틀리기 쉬우니, 정확하게 알아두세요.

③ 오늘은 비행기를 탈 수가 없습니다.

「비행기를 타다」는「飛行機に乗る」입니다.「飛行機を乗る」가 아닌 점에 주의해 주세요.「자동사, 타동사」같은 조금 어려운 문법은 생각하지 말고,「～을 타다」는「～に乗る」라고 표현한다고 생각하면 돼요.「バスに乗る:버스를 타다」「新幹線に乗る:신칸센을 타다」「自転車に乗る:자전거를 타다」로 표현할 수가 있어요.

④ 악천후 때문에 상품을 보낼 수가 없습니다.

「악천후」즉,「나쁜 날씨」는「悪天候」라고 해요. 조금 어려운 단어이지만 암기해 두시면 두루두루 사용할 수가 있어요. 그리고「～때문에」라는 표현은「～ため」라고 해요. 다양한 예문을 통해서 바른 사용에 대해서 알아봅시다.

명사「雨のため野球はできません:비 때문에 야구는 할 수 없습니다」
동사「朝寝坊をしたため遅刻しました:늦잠을 잤기 때문에 지각했습니다」
い형용사「忙しかったために、飲み会に参加できなかった:바빴기 때문에 술자리에 참가할 수 없었다」
な형용사「英語が下手なために、外国の人を見ると逃げたくなる:영어가 서툴기 때문에 외국인을 보면 도망가고 싶어 진다」입니다.

각각의 품사와 접속되는 방법까지 알아두면 정말 멋진 일본어를 구사할 수 있답니다.

초급_第5課 ～ことができる | **47**

unit.5 〜ことができる

もっと勉強しましょう！

① 誰でも使えるコンピューターです。
　→ 누구라도 사용할 수 있는 컴퓨터입니다.

② 海でも川でも泳げます。
　→ 바다에서도 강에서도 수영할 수 있습니다.

③ 納期内に納品できます。
　→ 납기 내에 납품할 수 있습니다.

④ 外にいますのでメールを送ることができません。
　→ 밖에 있으니 메일을 보낼 수가 없습니다.

어휘 표현

- 誰(だれ) 누구
- 使(つか)う 사용하다
- 海(うみ) 바다
- 川(かわ) 강
- 泳(およ)ぐ 수영하다
- 納期内(のうきない) 납기 내
- 納品(のうひん) 납품
- 外(そと) 밖
- 送(おく)る 보내다

어휘연습

어휘	읽기	의미
英語		
習う		
会話		
無理		
総務課		
卒業		

작문연습

1. 일본어로 메일을 보낼 수는 있지만 영어로 메일을 보낼 수는 없습니다.

2. 특히 일본어는 한자가 많아서 더욱 어렵습니다.

3. 여하튼 하루에 조금씩이라도 공부하는 편이 좋습니다.

unit.5 幸いです

 문제풀이

어휘	읽기	의미
英語	えいご	영어
習う	ならう	배우다
会話	かいわ	회화
無理	むり	무리
総務課	そうむか	총무과
卒業	そつぎょう	졸업

1. 日本語でメールを打つことはできますが、英語でメールを打つことはできません。

2. 特に日本語は漢字が多くてもっと難しいです。

3. とにかく一日に少しずつでも勉強した方がいいです。

알아두기

일본에서 가장 큰 섬 Best 5

1위 에토로후도 択捉島(えとろふとう) 3,186km

2위 구나시리도 国後島(くなしりとう) 1,490km

3위 오키나와 沖縄本島(おきなわほんとう) 1,208km

4위 사도가시마 佐渡島(さどがしま) 855km

5위 아마미오시마 奄美大島(あまみおおしま) 712km

단위 : 평방킬로미터

北海道(ほっかいどう), 本州(ほんしゅう), 四国(しこく), 九州(きゅうしゅう)의 본토 4개의 섬은 제외. 択捉島(えとろふとう), 国後島(くなしりとう)을 포함한 북방영토의 면적은 약5,000평방킬로미터 千葉県(ちばけん)과 愛知県(あいちけん)의 면적에 필적

초급_第5課～ことができる | 51

unit.6 勘弁

일상회화

島津 ： 高杉さん、２次会行きましょうか。

高杉 ： 島津さん、今日は勘弁してください。

島津 ： めずらしいですね。いつもは高杉さんのほうから２次会に行こうって言われましたのに。

高杉 ： 実は明日朝早いんです。飲みたい気持ちは山々なんですが。

島津 ： 仕方ないですね。

高杉 ： また今度行きましょう。その時はぜひ。

島津 ： ハハハ、分かりました。明日の仕事のほう、頑張ってください。

高杉 ： ありがとうございます。それでは、お気を付けて。

어휘 표현

- ２次会 2차
- 今日 오늘
- 勘弁 용서함, 허락함, 봐줌
- めずらしい 신기하다
- いつも 평소
- 実は 실은
- 明日 내일
- 朝早い 아침 일찍 볼일이 있음
- 気持ち 마음
- 山々 굴뚝같음
- 仕方ない 어쩔 수 없다
- 今度 다음 번
- ぜひ 꼭
- 分かる 알다
- 仕事 일
- 頑張る 열심히 하다
- 気を付ける 주의하다

시마즈　　: 타카스기 씨, 2차 갈까요?
타카스기　: 시마즈 씨, 오늘은 봐 주세요.
시마즈　　: 신기하군요. 평소는 타카스기 씨 쪽에서 2차를 가자고 하시더니.
타카스기　: 실은, 내일 아침 일찍 일이 있습니다. 마시고 싶은 마음은 굴뚝같습니다만.
시마즈　　: 어쩔 수 없군요.
타카스기　: 다음번에 가죠. 그 때는 꼭.
시마즈　　: 하하하, 알겠습니다. 내일 일은 열심히 해 주세요.
타카스기　: 감사합니다. 그럼, 조심해서 귀가하세요.

「勘弁する」는 「용서하다, 봐주다」라는 의미입니다. 「잘못에 대한 반성을 하다」는 의미도 있지만, 누군가가 술을 한잔 하자, 놀러 가자, 영화 보러 가자 등의 권유에 대해서, 「이번에는 한 번 봐 달라」 즉, 「갈 수 없으니 용서해 달라」는 의미로도 사용됩니다. 존경표현은 「ご勘弁ください」 입니다. 그리고 같은 의미로 「許す」가 있습니다. 예문을 보겠습니다.

それだけは勘弁してください。
그것만은 봐 주세요.
もう決してしないから勘弁してください。
이제 결코 하지 않을 테니 용서해 주세요.
もしお気に障ったら勘弁してください。
만일 기분이 상했다면 용서해 주세요.
お金は払います。それ以外は勘弁してください。
돈은 지불하겠습니다. 그 이외는 용서해 주세요.

unit.6 勘弁

勉強しましょう！

① 記念すべき祝賀会に欠席となってしまうことをご勘弁いただきますようお願い申し上げます。

② しばしお待ちいただきますことをご勘弁くださいますようお願い申し上げます。

③ 整備不良があり、大変なご迷惑をおかけしました。どうぞご勘弁ください。

④ 他の品物と交換いたしますのでご勘弁ください。

어휘 표현

- □ 記念 기념   □ ～すべき ～해야 함   □ 祝賀会 축하회   □ 欠席 결석
- □ ご+명사+いただく 존경표현   □ 申し上げる 「言う-말하다」의 겸양어   □ しばし 잠시
- □ お+동사ます형+いただく 존경표현   □ 整備 정비   □ 不良 불량   □ 大変 엄청남
- □ 迷惑をかける 폐를 끼치다   □ 品物 물건   □ 交換 교환

勉強しましょう！상세설명

① 기념해야 할 축하회에 결석해 버리는 것을 너그러이 용서해 주시도록 부탁말씀 드립니다.

조금 딱딱한 문장이지만 비즈니스의 편지문이나 팩스문에서 많이 사용하는 표현입니다.「すべき」라는 표현이 상당히 어렵게 느껴질 수도 있는데,「するべき」의 준말입니다.「해야만 한다」는 의미인데,「努力するべきだ:노력해야만 한다」「解決すべきだ:해결해야만 한다」로 사용할 수가 있어요. 그리고「ご勘弁いただきますようお願い申し上げます」는「용서해 주시도록 부탁말씀 드립니다」는 의미입니다. 이 문장은 통째로 암기하는 것이 좋습니다. 앞에서 말했듯이 비즈니스의 편지문이나 팩스문에서 많이 사용하기 때문입니다.

② 잠시 기다리게 하신 것을 너그러이 용서해 주시도록 부탁말씀 드립니다.

「しばし」는「잠깐, 잠시동안」이라는 의미인데,「しばらく」와 같은 의미입니다.「しば

し」는 문장체로 많이 사용되고, 「しばらく」는 회화체에서 많이 사용됩니다.

③ 정비불량이 있어서 매우 폐를 끼쳤습니다. 부디 너그러이 용서해 주세요.

이 문장에 있는 「あり」는 문장체로서 「あって」와 같은 의미입니다. 일반적으로 「동사의 ます형」은 「동사의 て형」과 같은 의미입니다. 「하고, 해서」라는 뜻으로, 편지문이나 메일 등에서 「あり」처럼 「동사의 ます형」이 많이 사용됩니다. 정확한 의미와 쓰임새를 알면 같은 일본어라도 다양하게 사용할 수 있기에, 일본어의 문법적인 공식을 알아두면 좋습니다.

④ 다른 물건과 교환하고 싶으니 허락해 주세요.

이 표현에서는 공부할 내용이 두 가지가 있습니다. 「いたす」는 「する:하다」라는 동사의 겸양표현입니다. 즉, 자신을 낮추는 표현입니다. 따라서 「お願いします:부탁합니다」는 「お願いいたします」라고 겸양표현으로 말할 수 있습니다. 그리고 「お(ご)+명사+ください」는 존경표현입니다. 상대방에게 부탁을 하는 것, 즉 상대방의 행동이므로 존경표현이 되는 것이에요. 다른 예문을 보면, 「お電話ください:전화해 주세요」 「ご応募ください:응모해 주세요」 입니다.

勘弁

もっと勉強しましょう！

① ご容赦いただければと存じます。
   → 용서해 주시면 (좋겠다고) 생각합니다.

② 自分の失敗や過失をどうか許してください。
   → 나의 실수나 과실을 부디 용서해 주세요.

③ メールでのご連絡をお許しください。
   → 메일로 연락을 (한 것을) 용서해 주세요.

④ お忙しい時間帯にご連絡する無礼をどうぞお許しください。
   → 바쁜 시간대에 연락하는 무례를 부디 용서해 주세요.

어휘 표현

- 容赦(ようしゃ) 용서함
- 存じる(ぞんじる) 「思う-생각하다」의 겸양어
- 失敗(しっぱい) 실패, 실수
- 過失(かしつ) 과실
- どうか 부디
- 許す(ゆるす) 용서하다
- 連絡(れんらく) 연락
- 忙しい(いそがしい) 바쁘다
- 時間帯(じかんたい) 시간대
- 無礼(ぶれい) 무례

 어휘연습

어휘	읽기	의미
勘弁		
実は		
今度		
仕事		
過失		
無礼		

 작문연습

1. 내일은 일이 많으니 오늘은 봐주세요.

2. 당신과 같이 이번 프로젝트를 하고 싶은 마음은 굴뚝같습니다.

3. 여름휴가에 꼭 일본에 가보고 싶습니다.

unit.6 勘弁

문제풀이

어휘	읽기	의미
勘弁	かんべん	용서함, 허락함, 봐줌
実は	じつは	실은
今度	こんど	이번
仕事	しごと	일
過失	かしつ	과실
無礼	ぶれい	무례

1. 明日は仕事が多いので今日は勘弁してください。

2. あなたと一緒に今度のプロジェクトがしたい気持ちは山々なんです。

3. 夏休みにぜひ日本へ行ってみたいです。

MEMO

unit. 7 ～ように

일상회화

島津　：　新型コロナウイルス感染症の患者が増える一方ですね。

高杉　：　そうですね。それで外出をしないでじっと家にいます。

島津　：　会社も行かないんですか。

高杉　：　会社から当分の間、在宅勤務するようにと言われました。

島津　：　そうですか。早く治まるといいですけどね。

高杉　：　やっぱり伝染病は怖いものですから気をつけたほうがいいでしょう。

島津　：　私も仕方なく出かけるときはちゃんとマスクをつけています。

高杉　：　大変ですね。お互い気をつけましょう。

어휘 표현

- □ 新型 신형　□ コロナウイルス 코로나 바이러스　□ 感染症 감염증
- □ 患者 환자　□ 増える 증가하다　□ 동사현재형+一方だ ～하기만 하다
- □ 外出 외출　□ じっと 가만히　□ 会社 회사　□ 当分の間 당분간　□ 在宅 재택
- □ 勤務 근무　□ 早く 빨리　□ 治まる 진정되다　□ やっぱり 역시
- □ 怖い 무섭다　□ 気をつける 주의하다　□ 仕方ない 어쩔 수 없다
- □ 出かける 외출하다　□ ちゃんと 반드시　□ 大変だ 힘들다　□ お互い 서로

 해 석

시마즈　　: 신형 코로나 바이러스 감영증의 환자가 늘기만 하는군요.
타카스기　: 맞아요, 그래서 외출을 하지 않고 가만히 집에 있습니다.
시마즈　　: 회사도 가지 않습니까?
타카스기　: 회사에서 당분간 재택 근무하도록 말을 했습니다.
시마즈　　: 그렇습니까? 빨리 진정되면 좋겠군요.
타카스기　: 역시 전염병은 무서운 것이니 주의하는 편이 좋겠죠.
시마즈　　: 저도 어쩔 수 없이 외출할 때는 반드시 마스크를 착용하고 있습니다.
타카스기　: 힘들죠. 서로 주의합시다.

핵심내용

「ように」는 「～하도록」이라는 의미입니다. 「よう」는 다양하게 활용이 되는데, 「～ようだ:~같다」 「～ような:~같은」 「～ように:~처럼, ~같이」 「～ようで:~같고」 라는 의미도 있습니다. 이번 과에서는 「ように」가 「～하도록」이라는 의미로 사용되는 것을 공부합니다. 그럼, 「ように」를 활용한 예문을 보겠습니다.

とうきょうだいがく　はい　　　　　がんば
東京大学に入るように頑張ります。

도쿄 대학에 들어가도록 열심히 하겠습니다.

にほんご　じょうず　　　　　　　まいにちれんしゅう
日本語が上手になるように毎日練習しています。

일본어가 능숙하게 되도록 매일 연습하고 있습니다.

だいがく　ごうかく　　　　　　じんじゃ　　い
大学に合格できるように神社でお祈りをした。

대학에서 합격할 수 있도록 신사에서 기원을 했다.

わす　もの　　　　　　　　ちゅうい
忘れ物をしないように注意してください。

분실물이 없도록 주의해 주세요.

unit. 7 ～ように

勉強しましょう！

① 東京大学に入る**ように**頑張ります。

② この記事が大勢の人に読まれる**ように**掲示板に張って置きましょう。

③ 子供がさわらない**ように**危ない物は高いところに置きます。

④ 聞こえる**ように**大きい声で話してください。

어휘 표현

- ☐ 東京 도쿄　☐ 大学 대학　☐ 入る 들어가다　☐ 頑張る 열심히 하다　☐ 記事 기사
- ☐ 大勢の人 많은 사람　☐ 読む 읽다　☐ 掲示板 게시판　☐ 張る 붙이다　☐ 置く 두다
- ☐ 子供 아이　☐ さわる 만지다　☐ 危ない 위험하다　☐ 物 물건　☐ 高い 높다
- ☐ 聞こえる 들리다　☐ 大きい 크다　☐ 声 목소리　☐ 話す 이야기하다

勉強しましょう！상세설명

① 도쿄대학에 들어가도록 열심히 하겠습니다.

「～하도록」이라는 「ように」입니다. 그럼, 여기서 두 개의 예문을 더 보도록 할게요.
「忘れないようにメモを取っておきました:잊지 않도록 메모를 해 두었습니다」
「約束を守るようにしてください:약속을 지키도록 해 주세요」입니다.

② 이 기사가 많은 사람에게 읽히도록 게시판에 붙여 둡시다.

「大勢の人」는 「많은 사람」이라는 의미입니다. 그리고 「～해 두다」는 의미를 가진 「～ておく」도 알아둡시다. 다양한 예문을 통해서 알아봐요.
「友だちが遊びに来るので、ケーキを買っておいた:친구가 놀러 오기 때문에 케이크를 사 두었다」

「レポートを書く前に、資料を集めておきました:리포트를 쓰기 전에 자료를 모아 두었습니다」
「明日のプレゼンのために、準備しておきます:내일의 프레젠테이션을 위해서 준비해 둡니다」 입니다.

③ 아이가 만지지 않도록 위험한 물건은 높은 곳에 둡니다.

「ように」가「부정문」에 접속되었을 때의 표현입니다. 다른 예문을 볼까요?
「間違いのないように気をつけてください:틀림이 없도록 주의해 주세요」
「交通事故が起こらないようにします:교통사고가 일어나지 않도록 합니다」
「この本は見ないようにしてください:이 책은 보지 않도록 해 주세요」 입니다.

④ 들리도록 큰 목소리로 말해 주세요.

이 문장에서는「声」와「音」의 차이점에 대해서 알아봅시다.「声」는「사람과 동물의 소리」이지만,「音」는 사물의 소리입니다. 예문을 볼까요?
「赤ちゃんの泣き声:아기의 울음소리」
「山田さんの声が聞こえた:야마다 씨의 목소리가 들렸다」
「外で変な音がした:밖에서 이상한 소리가 났다」
「このスピーカーは音がいい:이 스피커는 소리가 좋다」 입니다.

unit. 7 ～ように

もっと勉強しましょう！

① お互い兄弟みたいですね。
　→ 서로 형제같군요.

② どうも熱があるらしい。
　→ 아무래도 열이 있는 것 같다.

③ 息が詰まるような雰囲気だった。
　→ 숨이 막힐 것 같은 분위기였다.

④ 雨が降っているようだ。
　→ 비가 내리고 있는 것 같다.

어휘 표현

- お互(たが)い 서로
- 兄弟(きょうだい) 형제
- どうも 아무래도
- 熱(ねつ) 열
- 息(いき)が詰(つ)まる 숨이 막히다
- 雰囲気(ふんいき) 분위기
- 雨(あめ)が降(ふ)る 비가 내리다

 어휘연습

어휘	읽기	의미
新型		
感染症		
患者		
外出		
治まる		
お互い		

 작문연습

1. 일본의 인구는 줄기만 합니다.

2. 어제는 친구와 놀지 않고, 도서관에서 책을 읽었습니다.

3. 코로나 바이러스 전염병이 진정되면 좋겠습니다.

unit. 7 ～ように

문제풀이

어휘	읽기	의미
新型	しんがた	신형
感染症	かんせんしょう	감염증
患者	かんじゃ	환자
外出	がいしゅつ	외출
治まる	おさまる	진정되다
お互い	おたがい	서로

1. 日本の人口は減る一方です。

2. 昨日は友だちと遊ばないで、図書館で本を読みました。

3. コロナウイルス伝染病が治まるといいです。

알아두기

일본에서 가장 면적이 넓은 都道府県(도도부현) Best 5
(と どう ふ けん)

1위 홋카이도 北海道 83,456km
(ほっかいとう)

2위 이와테 岩手県 15,278km
(いわ て けん)

3위 후쿠시마 福島県 13,782km
(ふくしまけん)

4위 나가노 長野県 13,562km
(なが の けん)

5위 니가타 新潟県 12,583km
(にいがたけん)

단위 : 평방킬로미터

北海道의 면적은 가장 좁은 都道府県인 香川県의 약 44배
(ほっかいとう) (か がわけん)

초급_第7課~ように

いかがでしょうか

일상회화

島津 ： 高杉さん、今、お時間いかがでしょうか。

高杉 ： いいですよ。何でしょうか。

島津 ： 実は、さっき取引先から見積書が届きましたが、意味が分からくて。

高杉 ： 見せてください。あ、アメリカからですね。私も英語は苦手なので…。すみません。

島津 ： 高杉さんは英語が上手じゃなかったんですか。

高杉 ： 話すのは大丈夫ですが、読んだり書いたりするのはちょっと。あ、川口さんならできると思いますが。

島津 ： そうですか。すぐ聞いてみます。ありがとうございます。

高杉 ： あ、今日、川口さんはお休みだそうです。

어휘 표현

- □ 時間 시간 □ 実は 실은 □ さっき 조금 전 □ 取引先 거래처
- □ 見積書 견적서 □ 届く 도달되다 □ 意味 의미 □ 分かる 알다
- □ 見せる 보여주다 □ 英語 영어 □ 苦手だ 서툴다 □ 上手だ 능숙하다
- □ 話す 이야기하다 □ 大丈夫だ 문제없다 □ 読む 읽다 □ 書く 쓰다
- □ 聞く 묻다 □ 今日 오늘 □ お休み 쉼

시마즈 : 타카스기 씨, 지금 시간 어떠세요?
타카스기 : 괜찮습니다. 무슨 일이에요?
시마즈 : 실은 조금 전에 거래처로부터 견적서가 도달되었는데 의미를 몰라서요.
타카스기 : 보여 주세요. 아, 미국에서 온 것이군요. 저도 영어는 서툴러서…. 죄송합니다.
시마즈 : 타카스기 씨는 영어를 잘 하지 않았습니까?
타카스기 : 말하는 것은 문제없습니다만, 읽거나 쓰거나 하는 것은 좀. 아, 가와쿠치 씨라면 할 수 있다고 생각합니다만.
시마즈 : 그렇습니까? 바로 물어보겠습니다. 감사합니다.
타카스기 : 아, 오늘 가와쿠치 씨는 쉰다고 합니다.

「いかがでしょうか」는 「どうでしょうか」의 정중한 표현입니다. 물론 「いかがですか」「どうですか」라고 표현해도 같은 의미가 되지만, 「いかがでしょうか」「どうでしょうか」라고 표현하는 것이 좀 더 정중한 표현이 됩니다. 그리고 「いかがでしたでしょうか」라고 표현하는 경우도 있습니다. 문법적으로는 어색할 수도 있지만, 상대방의 행동과 행위에 대해서 정중하게 물을 때 사용할 수 있습니다. 예를 들어 볼까요!

部長、先週のゴルフ、いかがでしたでしょうか。
부장님, 지난 주의 골프는 어떠했습니까?
ご検討の結果はいかがでしたでしょうか。
검토의 결과는 어떠했습니까?
お客様、もう一つ、いかがですか。
손님, 한 개 더 어떻습니까?
先週ご覧になった映画はいかがでしたか。
지난주에 보신 영화는 어떠했습니까?

unit.8 いかがでしょうか

勉強しましょう！

① 工事の状況はいかがでしょうか。

② その後のご検討状況は、いかがでしょうか。

③ ご健康のためウォーキングをされてみては、いかがでしょうか。

④ 部長のお考えはいかがでしょうか。

어휘 표현

☐ 工事(こうじ) 공사 ☐ 状況(じょうきょう) 상황 ☐ その後(ご) 그 후 ☐ 検討(けんとう) 검토 ☐ 健康(けんこう) 건강 ☐ 部長(ぶちょう) 부장
☐ お考(かんが)え 생각

勉強しましょう！상세설명

① 공사의 상황은 어떻습니까?

「いかがでしょうか」를 활용한 예문입니다. 어려운 문장이 아니므로 쉽게 알 수가 있을 겁니다. 그럼 여기서 단어 공부를 좀 해 볼게요. 「工事(공사)」의 「工(공)」을 활용한 단어입니다. 「工(공)」을 「こう」라고 장음으로 읽는 「工業(こうぎょう):공업」 「工場(こうじょう):공장」, 그리고 「工(공)」을 「く」라고 읽는 「大工(だいく):목수」 「工夫(くふう):아이디어, 생각」을 암기해 두세요. 다양한 단어의 습득은 여러분의 표현력을 풍부하게 만든답니다.

② 그 후의 검토상황은, 어떻습니까?

이 문장에서도 어려운 표현은 없습니다. 그래서 1번과 마찬가지로 단어공부를 해 보아요.

「検討(검토)」의 「検(검)」을 활용한 단어를 볼까요? 「検査(けんさ):검사」 「点検(てんけん):점검」 「検診(けんしん):

검진」「検察:검찰」입니다. 한번 더 발음해 볼까요?「検査:검사」「点検:점검」「検診:검진」「検察:검찰」입니다. 그리고「状況(상황)」의「状(상)」을 활용한「現状:현 상태」라는 단어도 반드시 알아두세요.

③ 건강을 위해 워킹을 해 보시는 것은 어떻습니까?

「ため」가「위해서」라는 의미로 사용된 문장입니다. 역시 예문을 통해야만 이해하기가 쉽겠죠.

「車を買うために、貯金しています:자동차를 사기 위해서 저금하고 있습니다」
「絵の勉強をするために、フランスの大学に留学します:그림 공부를 하기 위해서, 프랑스 대학에 유학합니다」
「病気を治すために、薬を飲まなければならないです:병을 고치기 위해서 약을 먹어야만 합니다」입니다.

④ 부장님의 생각은 어떻습니까?

「部長」이라는 단어가 나왔으니, 직위에 대해서 일본어로 알아봅시다.

「会長:회장」「社長:사장」「課長:과장」「係長:계장」「平社員:평사원」입니다. 여기서「平社員:평사원」은 그냥「ひら」라고 표현하기도 합니다.

いかがでしょうか

もっと勉強しましょう！

① それはこんな感じでどうでしょうか。
　→ 그것은 이런 느낌으로 어떨까요?

② 明日の大阪の天気はどうでしょうか。
　→ 내일 오사카의 날씨는 어떻습니까?

③ そういうことも今後検討してみることはどうでしょうか。
　→ 그런 것도 앞으로 검토해 보는 것은 어떨까요?.

④ みなさんも自分だけでなく人のために行動してみてはどうでしょうか。
　→ 여러분도 자신뿐만 아니라 남을 위해서 행동해 보는 것은 어떨까요?

어휘 표현

- 感(かん)じ 느낌
- 明日(あした) 내일
- 大阪(おおさか) 오사카
- 天気(てんき) 날씨
- 今後(こんご) 앞으로
- 検討(けんとう) 검토
- ～だけでなく ～뿐만 아니라
- 行動(こうどう) 행동

 어휘연습

어휘	읽기	의미
取引先		
見積書		
意味		
苦手だ		
今後		
検討		

작문연습

1. 조금 전부터 스기모토라는 분이 기다리고 계십니다.

2. 저는 외국어가 서툴러서 영어로 만든 문서는 부하에게 부탁합니다.

3. 영어는 독해는 가능합니다만, 회화는 조금밖에 못합니다.

unit.8 いかがでしょうか

문제풀이

어휘	읽기	의미
取引先	とりひきさき	거래처
見積書	みつもりしょ	견적서
意味	いみ	의미
苦手だ	にがてだ	서툴다
今後	こんご	앞으로
検討	けんとう	검토

1. さっきから杉本という方がお待ちになっています。

2. 私は外国語が苦手なので、英語でできた文書は部下に頼んでいます。

3. 英語は読解はできますが、会話は少ししかできません。

MEMO

unit.9 前向き

일상회화

島津 ： 高杉さん、韓国からの見積書のメールを見ましたか。

高杉 ： はい。ざっと目を通しましたが、金額のほうがちょっと気になります。

島津 ： でしょう？私もそう思いました。もうちょっと安かったらよかったでしょう。

高杉 ： でも、そのくらいの金額でも別に問題ないと思いますが。

島津 ： そうですか。それじゃ、部長に聞いてみましょう。

高杉 ： 多分、部長も前向きに考えてくれると思います。

島津 ： とりあえず、聞いてみてから決めることにしましょう。

高杉 ： はい、そのほうがよさそうですね。

어휘 표현

- 韓国 한국
- 見積書 견적서
- ざっと 대충
- 目を通す 훑어보다
- 金額 금액
- 気になる 신경 쓰이다
- 別に 딱히, 특별히
- 部長 부장
- 多分 아마
- 前向き 전향적
- 考える 생각하다
- とりあえず 우선
- 決める 정하다

시마즈	: 타카스기 씨, 한국에서 온 견적서의 메일을 보았습니까?
타카스기	: 예. 대충 훑어보았습니다만, 금액 쪽이 좀 신경 쓰입니다.
시마즈	: 그렇죠? 저도 그렇게 생각했습니다. 좀 더 싸면 좋았겠죠!
타카스기	: 하지만, 그 정도의 금액이라도 딱히 문제없다고 여깁니다만.
시마즈	: 그렇습니까? 그럼, 부장님께 물어봅시다.
타카스기	: 아마 부장님도 전향적으로 생각해 줄 거라고 생각합니다.
시마즈	: 우선 묻고 나서 결정하기로 합시다.
타카스기	: 예, 그런 편이 좋을 것 같군요.

「前向き」는 한자로 풀어보면 「앞으로 향하다」는 뜻입니다. 따라서 뭔가에 대해서 「사고방식이나 자세가 발전적이거나 적극적, 건설적」이라는 의미로 해석할 수 있습니다. 「前向きに考える:전향적으로 생각하다」 「前向きな性格:적극적인 성격」 등의 문장으로 사용할 수 있어요. 예문을 보겠습니다.

できることなら明るく前向きに人生を生きていきたい。
할 수 있는 거라면 밝게 전향적으로 살아가고 싶다.
前向きであることは、自分にも周りにもいい影響を与える。
전향적이라는 것은 자신에게도 주변에게도 좋은 영향을 준다.
前向きになれる思考法をご紹介します。
전향적으로 될 수 있는 사고법을 소개하겠습니다.
前向きな姿勢で毎日を送っていこう。
전향적인 자세로 매일을 보내면서 가자.

unit. 9 前向き

勉強しましょう！

① この件に関しては前向きに検討します。

② 治療を前向きにとらえるにはどうしたらいいですか。

③ 前向きな気持ちを維持し続けることができれば、ストレスはなくなります。

④ 前向きになるためにはどうすればよいのですか。

어휘 표현

- □ 件 건 □ 〜に関しては 〜에 관해서는 □ 検討 검토 □ 治療 치료
- □ とらえる 인식하다, 포착하다 □ 동사기본형+には 〜하려면 □ 気持ち 마음, 기분
- □ 維持 유지 □ 동사ます형+続ける 계속〜하다 □ なくなる 없어지다

勉強しましょう！상세설명

① 이 건에 관해서는 전행적으로 검토하겠습니다.

「〜に関しては」는 「〜에 관해서는」이라는 의미입니다. 「〜については」와 같은 뜻이에요. 다른 예문을 통해서 그 의미를 정확하게 알아보아요.

「彼はこの点に関しては確信がある:그는 이 점에 관해서는 확신이 있다」
「その件に関しては専門家です:그 건에 관해서는 전문가입니다」 등입니다.

② 치료를 전향적으로 인식하기 위해서는 어떻게 하면 되겠습니까?

「とらえる」는 「인식하다, 파악하다, 잡다」는 의미입니다. 두 개의 예문을 더 보도록 할게요.

「特徴をとらえる:특징을 파악하다」「機会をとらえる:기회를 잡다」입니다. 그리고

「동사기본형+には」는「〜하려면」이라는 의미인데,「동사기본형+ためには」의 생략형입니다. 예문을 볼까요?

「私があなたに会いに行くにはどうしたらよいですか:제가 당신을 만나러 가려면 어떻게 하면 됩니까?」

「放送を見るには何が必要ですか:방송을 보려면 무엇이 필요합니까?」입니다.

③ 전향적인 마음을 계속 유지할 수가 있으면 스트레스는 없어집니다.

「동사ます형+続ける」는「계속〜하다」는 의미입니다.「研究をし続けています:연구를 계속 하고 있습니다」「日本語を勉強し続けています:일본어를 계속 공부하고 있습니다」등의 예문을 만들 수 있습니다.

④ 전향적으로 되기 위해서는 어떻게 하면 되겠습니까?

「なるためには」는「なるには」와 같은 표현이라고 위의 2번 문장에서 설명해 드렸습니다. 그리고「なる」는「되다」는 의미를 가지고 있는 동사인데, 품사별로 예문을 살펴보겠습니다.

명사「もう春になりました:벌써 봄이 되었습니다」
な형용사「彼は有名になった:그는 유명해졌다」
い형용사「夏になって暑くなりました:여름이 되어 더워졌습니다」
동사「私も行くようになりました:저도 가게 되었습니다」

가 됩니다. 즉,「명사와 な형용사」는「になる」, い형용사는「い형용사어간+くなる」동사는「동사기본형+ようになる」로 접속이 됩니다.

unit.9 前向き

もっと勉強しましょう！

① その機会を積極的に作ります。
→ 그 기회를 적극적으로 만들겠습니다.

② 私はその会議には積極的に出席している。
→ 나는 그 회의에는 적극적으로 출석하고 있다.

③ あまり積極的に仕事を探していない。
→ 그다지 적극적으로 일을 찾고 있지 않다.

④ 社内外での人脈形成を積極的に行ってきた。
→ 사내외에서의 인맥형성을 적극적으로 행해 왔다.

어휘 표현

- 機会(きかい) 기회
- 積極的(せっきょくてき) 적극적
- 作る(つくる) 만들다
- 会議(かいぎ) 회의
- 出席(しゅっせき) 출석
- 仕事(しごと) 일
- 探す(さがす) 찾다
- 社内外(しゃないがい) 사내외
- 人脈(じんみゃく) 인맥
- 形成(けいせい) 형성
- 行う(おこなう) 행하다

어휘	읽기	의미
金額		
別に		
多分		
決める		
積極的		
維持		

1. 스기모토 씨의 논문을 대충 훑어보았지만 상당히 좋았습니다.

2. 좀 더 문장이 짧았다면 좋았겠죠.

3. 아마 그도 저와 같은 판단일 거라고 생각합니다.

unit. 9 前向き

문제풀이

어휘	읽기	의미
金額	きんがく	금액
別に	べつに	딱히, 특별히
多分	たぶん	아마
決める	きめる	정하다
積極的	せっきょくてき	적극적
維持	いじ	유지

1. 杉本さんの論文をざっと目を通しましたが、なかなかよかったんです。

2. もうちょっと文章が短かったらよかったでしょう。

3. 多分、彼も私と同じ判断だと思います。

알아두기

일본에서 가장 면적이 좁은 都道府県(도도부현) Best 5
(と ど う ふ けん)

1위 가가와 香川県 1,876km
(か がわけん)

2위 오사카 大阪府 1,897km
(おおさか ふ)

3위 도쿄 東京都 2,187km
(とうきょう と)

4위 오키나와 沖縄県 2,275km
(おきなわけん)

5위 가나가와 神奈川県 2,415km
(か な がわけん)

 단위: 평방킬로미터

가장 넓은 市町村(시읍면)은 岐阜県의 高山市(2,177)이고 東京都와는 거의 같은 넓
(しちょうそん)　　(ぎ ふ けん)　(たかやまし)　　　　(とうきょう と)
이. 가장 면적이 좁은 市町村은 富山県의 舟橋村(3.47)이고 高山市의 627분의 1.
　　　　　　　　　　　(とやまけん)(ふなはしむら)

초급_第9課 前向き | **83**

unit.10 かまいません

일상회화

島津 ： もしもし、私は島津と申しますが、高杉さんはいらっしゃいますでしょうか。

高杉 ： 私ですが。

島津 ： 高杉さんですか。申し訳ございません。今日の打ち合わせに２０分ほど遅れてしまいそうです。

高杉 ： かまいません。お気をつけてお越しくださいませ。

島津 ： ありがとうございます。なるべく早く行くようにします。

高杉 ： あ、島津さん。弊社の部長と一緒に来ましたが。

島津 ： いいですよ。すぐ行きます。どうもすみません。

高杉 ： はい。お待ちしております。

어휘 표현

- □ 申す「言う-말하다」의 겸양어　□ いらっしゃる「いる-있다/行く-가다/来る-오다」의 존경어　□ 申し訳ない 죄송하다　□ 今日 오늘　□ 打ち合わせ 협의
- □ 遅れる 늦다　□ かまいません 상관없습니다　□ 気をつける 주의하다
- □ 越す「行く-가다/来る-오다」의 존경어　□ なるべく 가능한 한　□ 早く 빨리
- □ 弊社 저희 회사　□ 部長 부장　□ 一緒に 함께　□ 待つ 기다리다

해석

시마즈　：여보세요, 저는 시마즈라고 합니다만, 타카스기 씨는 계십니까?
타카스기：접니다만.
시마즈　：타카스기 씨입니까? 죄송합니다. 오늘 협의에 20분 정도 늦을 것 같습니다.
타카스기：상관없습니다. 조심해서 오세요.
시마즈　：감사합니다. 가능한 한 빨리 가도록 하겠습니다.
타카스기：아, 시마즈 씨. 저희 회사의 부장님과 함께 왔습니다만.
시마즈　：좋습니다. 바로 가겠습니다. 정말 죄송합니다.
타카스기：예. 기다리고 있겠습니다.

핵심내용

「かまいません」은「상관없습니다」라는 의미인데, 단독으로도 많이 사용되지만, 주로 「〜てもかまいません：〜해도 상관없습니다」라는 형식으로도 많이 사용됩니다. 같은 표현으로 「〜てもいいです：〜해도 좋습니다」이고, 보통어로 표현하면, 「〜てもかまわない：〜해도 상관없다」입니다. 예문을 보겠습니다.

ここでタバコを吸ってもかまいません。
여기서 담배를 피워도 상관없습니다.
これは触ってもかまいません。
이것은 만져도 상관없습니다.
お腹がいっぱいなら、無理して食べなくてもかまわない。
배가 부르다면 무리해서 먹지 않아도 된다.
わからない場合は、辞書を使ってもかまわない。
모르는 경우는 사전을 사용해도 상관없다.

입니다. 여기서「かまいません」대신에「いいです」를 사용해도 같은 의미가 됩니다.

unit. 10 かまいません

勉強しましょう！

① 明日まででかまいません。

② 電話・メールのどちらでもかまいません。

③ いくらかかってもかまいませんので、お店選びは任せます。

④ 費用が多少かかってもかまいませんので、今日中に修理をお願いします。

어휘 표현
- ☐ 明日(あした) 내일 ☐ 電話(でんわ) 전화 ☐ かかる 걸리다, 들다 ☐ お店選び(みせえらび) 가게선택
- ☐ 任せる(まかせる) 맡기다 ☐ 費用(ひよう) 비용 ☐ 多少(たしょう) 다소 ☐ 今日中(きょうじゅう) 오늘 중 ☐ 修理(しゅうり) 수리

勉強しましょう！상세설명

① 내일까지 해도 상관없습니다.

「明日」는 내일을 뜻하는데, 시기에 대해서 알아보아요. 「さきおととい:그끄저께」 「おととい:그저께」 「昨日(きのう):어제」 「今日(きょう):오늘」 「明日(あした):내일」 「あさって:모레」 「しあさって:글피」 입니다. 한번 더 알아볼까요. 「さきおととい:그끄저께」 「おととい:그저께」 「昨日(きのう):어제」 「今日(きょう):오늘」 「明日(あした):내일」 「あさって:모레」 「しあさって:글피」 입니다.

② 전화・메일 어느 쪽이라도 상관없습니다.

「どちらでもかまいません」은 「どちらでもいいです」 와 같은 의미입니다. 즉, 전화를 걸던, 메일을 보내던 어느 쪽이라도 상관이 없다, 괜찮다는 뜻입니다.

③ 얼마가 들어도 상관없으니, 가게선택은 맡기겠습니다.

「いくら～ても」는 「아무리~해도」라는 의미입니다. 예문을 통해서 그 의미를 정확하게 알아봅시다.

「いくらメールを送っても、彼女から全然返事が来ない:아무리 메일을 보내도 그녀로부터 전혀 답변이 오지 않는다」

「いくら旅行に行きたいと言っても、お金がなければいけないよ:아무리 여행 가고 싶다고 말해도 돈이 없으면 안 된다」

「彼はいくら遅く寝ても７時に起きる:그는 아무리 늦게 자도 7시에 일어난다」

「いくら食べてもお腹がいっぱいになりません:아무리 먹어도 배가 부르지 않습니다」

등입니다.

④ 비용이 다소 들더라도 상관없으니, 오늘 중으로 수리를 부탁합니다.

「多少」는 「다소」라는 의미입니다. 다른 예문을 볼까요?

「私は多少英語が話せます:나는 다소 영어를 할 수 있습니다」

「この問題は子供には多少難しいでしょう:이 문제는 아이에게는 다소 어렵겠죠」입니다.

unit. 10 かまいません

もっと勉強しましょう！

① あなたがそのメールを読んでいなくても気にしません。
  → 당신이 그 메일을 읽지 않아도 신경 쓰지 않습니다.

② 彼らが何を言おうと全然気にしません。
  → 그들이 무엇을 말하든 전혀 신경 쓰지 않습니다.

③ 情熱的で素直な女性であれば外見は気にしません。
  → 정열적이고 솔직한 여성이라면 외견은 신경 쓰지 않습니다.

④ 値段のことはあまり気にしません。
  → 가격에 관한 것은 그다지 신경 쓰지 않습니다.

어휘 표현

- 読(よ)む 읽다
- 気(き)にする 신경 쓰다
- 동사의지형+と ~하든 말든
- 全然(ぜんぜん) 전혀
- 情熱的(じょうねつてき) 정열적
- 素直(すなお)だ 정직하다
- 女性(じょせい) 여성
- 外見(がいけん) 외견
- 値段(ねだん) 가격

어휘	읽기	의미
打ち合わせ		
弊社		
部長		
情熱的		
女性		
外見		

1. 회의시간에 1시간 정도 늦을 것 같습니다.

2. 언제 오셔도 상관없습니다. 기다리고 있겠습니다.

3. 가능한 한 그와의 약속을 지키도록 하겠습니다.

unit. 10 かまいません

문제풀이

어휘	읽기	의미
打ち合わせ	うちあわせ	협의
弊社	へいしゃ	저희 회사
部長	ぶちょう	부장
情熱的	じょうねつてき	정열적
女性	じょせい	여성
外見	がいけん	외견

1. 会議の時間に1時間ほど遅れてしまいそうです。

2. いつお越しになってもかまいません。お待ちしております。

3. なるべく彼との約束を守るようにします。

MEMO

unit. 11 差し支えない

일상회화

島津　： もしもし。こちらは大和証券の島津と申しますが、池田部長はいらっしゃいますか。

高杉　： いつもお世話になっております。池田はただ今席を外しております。3時ごろには戻ってくると思いますが。

島津　： 実は今日の午後5時にそちらに伺うと約束しましたが、行けなくなったので…。

高杉　： そうですか。池田が戻り次第、そのことをお伝えします。申し訳ございませんが、差し支えなければ、もう一度お名前を聞いてもよろしいでしょうか。

島津　： 大和証券の島津です。

高杉　： 島津さんですね。

島津　： はい。それでは失礼いたします。

高杉　： 失礼します。

어휘 표현

☐ 証券 증권　☐ 申す 「言う-말하다」의 겸양어　☐ 部長 부장　☐ いらっしゃる 「いる-있다/行く-가다/来る-오다」의 존경어　☐ お世話になる 신세를 지다　☐ ただ今 지금　☐ 席を外す 자리를 비우다　☐ 戻る 되돌아오다　☐ 実は 실은　☐ 伺う 「聞く-묻다/訪ねる-방문하다」의 겸양어　☐ 동사ます형+次第 ～하는 대로　☐ 伝える 전하다　☐ 差し支えない 지장이 없다　☐ 失礼 실례　☐ 一緒に 함께　☐ 待つ 기다리다

해석

시마즈　：여보세요. 저는 다이와증권의 시마즈라고 합니다만, 이케다 부장님은 계십니까?
타카스기：항상 신세를 지고 있습니다. 부장님은 지금 자리에 안 계십니다. 3시경에는 돌아올 거라고 생각합니다만.
시마즈　：실은 오늘 오후 5시에 그쪽에 찾아 뵙는다고 약속했습니다만, 갈 수 없게 되어….
타카스기：그렇습니까? 부장님이 돌아오는 대로 그 말씀을 전하겠습니다. 죄송합니다만, 지장이 없으시다면 한번 더 성함을 여쭈어도 되겠습니까?
시마즈　：다이와증권의 시마즈입니다.
타카스기：시마즈 씨이군요.
시마즈　：예. 그럼 실례하겠습니다.
타카스기：실례하겠습니다.

핵심내용

「差し支えない」는「지장이 없다」는 뜻인데,「差し支える」라는 동사의 부정형입니다.「差し支えないです」는「大丈夫ですよ」「いいですよ」「OKですよ」와 같은 의미이지만,「差し支えないです」쪽이 정중한 표현입니다. 상대방에게 의뢰를 할 때,「差し支えありませんでしたら○○してくれませんか:지장이 없으시다면 ○○해 주지 않겠습니까?」라고 하면 상대방에게 아주 정중한 느낌으로 부탁을 하는 문장이 됩니다.

連絡は明日になっても、差し支えないでしょうか。
연락은 내일이 되어도 지장이 없을까요?
差し支えなければ、次回の打ち合わせにもぜひご参加ください。
지장이 없으면 다음번의 협의에도 꼭 참가해 주세요.
ここでたばこを吸っても差し支えありませんか。
여기서 담배를 피워도 지장이 없겠습니까?
お名前やご住所を差し支えない範囲でご記入ください。
성함과 주소를 지장이 없는 범위에서 기입해 주세요.

unit. 11 差し支えない

勉強しましょう！

① 差し支えなければ、理由を教えてください。

② 差し支えなければ、こちらの記入用紙に住所と電話番号をご記入ください。

③ 明日の会議に差し支えないように、今日は早めに休みなさい。

④ 契約の内容は、重複しても差し支えございません。

어휘 표현

- ☐ 理由 이유　☐ 教える 가르치다　☐ 記入 기입　☐ 用紙 용지　☐ 住所 주소
- ☐ 電話番号 전화번호　☐ 明日 내일　☐ 会議 회의　☐ 今日 오늘　☐ 早めに 조금 빨리
- ☐ 休む 쉬다, 자다　☐ 契約 계약　☐ 内容 내용　☐ 重複 중복

勉強しましょう！ 상세설명

① 지장이 없으면, 이유를 가르쳐 주세요.

「差し支えなければ」라고 「가정형」을 사용하여, 「지장이 없다면」이라는 식으로 많이 사용합니다. 상대방에게 의뢰를 할 때 사용하는 표현입니다. 그리고 단어를 한 개 배우자면, 「教える」는 「가르치다」는 의미이지만 「教わる」는 「배우다」는 의미입니다. 비슷한 단어를 같이 암기하면 외우기가 더욱 쉽겠죠.

② 지장이 없으면, 이쪽의 기입용지에 주소와 전화번호를 기입해 주세요.

「お(ご)+명사+ください」는 존경표현이라는 것은 6과에서 공부를 하였습니다.

③ 내일 회의에 지장이 없도록 오늘은 조금 빨리 자라.

「早めに」에 대해서는 4과에서 공부를 하였습니다. 「형용사어간」에 「めに」를 접속하면 「조금~한 듯이」라는 의미가 된다고 했는데, 조금만 더 확장을 해 보겠습니다. 「めに」가 접속되는 「い형용사」는 「분량이나 정도」를 나타내는 「い형용사」입니다. 따라서 「大きい:크다」「少ない:적다」「長い:길다」「短い:짧다」 등에 접속이 됩니다. 그러나 「감정 い형용사」에는 「めに」를 접속하지 않고 「げに」를 접속하는데, 「嬉しげに:조금 기쁜 듯이」「悲しげに:조금 슬픈 듯이」「楽しげに:조금 즐거운 듯이」 입니다. 종합하자면, 「분량이나 정도 い형용사」에는 「めに」, 「감정 い형용사」에는 「げに」를 접속하여 「조금~한 듯이」라는 의미가 됩니다.

④ 계약 내용은, 중복되어도 지장이 없습니다.

「ございません」은 「ありません」과 같은 의미로서 4과에서 공부를 했습니다. 「ございます」는 「あります」의 정중한 표현으로 나의 행위에 대해서 사용하면 「겸양표현」이 되지만, 다른 사람의 행위에 대해서 사용하면 「존경표현」이 된다고 설명해 드렸습니다.

unit. 11 差し支えない

もっと勉強しましょう！

① 子供たちを外へ出しておいて大丈夫ですか。
→ 아이들을 밖에 내어 놓아도 괜찮습니까?

② 経過は良いようです。もう大丈夫です。
→ 경과는 좋은 것 같습니다. 이제 괜찮습니다.

③ 現状を維持して、現状のままで一週間続けば大丈夫です。
→ 현 상태를 유지하고, 현 상태대로 일주일 계속되면 문제없습니다.

④ 交通手段なら彼に任せておけば大丈夫です。
→ 교통수단이라면 그에게 맡겨 두면 문제없습니다.

어휘 표현

□ 子供(こども) 아이　□ 外(そと) 밖　□ 経過(けいか) 경과　□ 良(よ)い 좋다
□ 大丈夫(だいじょうぶ)だ 문제없다, 괜찮다　□ 現状(げんじょう) 현 상태　□ 維持(いじ) 유지
□ 一週間(いっしゅうかん) 일주일　□ 続(つづ)く 계속되다　□ 交通(こうつう) 교통　□ 手段(しゅだん) 수단
□ 任(まか)せる 맡기다

어휘연습

어휘	읽기	의미
証券		
戻る		
午後		
約束		
伝える		
失礼		

작문연습

1. 스기모토는 오후 3시까지는 회의를 합니다.

2. 실은 부장님과 만날 약속을 하였지만, 급한 볼일이 생겨서 갈 수 없게 되었습니다.

3. 그로부터 연락이 오는 대로 바로 메일을 보내겠습니다.

unit.11 差し支えない

 문제풀이

어휘	읽기	의미
証券	しょうけん	증권
戻る	もどる	되돌아오다
午後	ごご	오후
約束	やくそく	약속
伝える	つたえる	전하다
失礼	しつれい	실례

1. 杉本(すぎもと)は午後(ごご)3時(じ)までは会議(かいぎ)をします。

2. 実(じつ)は部長(ぶちょう)と会(あ)う約束(やくそく)をしましたが、急用(きゅうよう)ができて行(い)けなくなりました。

3. 彼から連絡(れんらく)が入(はい)り次第(しだい)、すぐメールを送(おく)ります。

알아두기

일본에서 가장 인구가 많은 都道府県(도도부현) Best 5
とどうふけん

1위 도쿄 東京都 1,398만명
とうきょうと

2위 가나가와 神奈川県 992만 명
かながわけん

3위 오사카 大阪府 822만 명
おおさかふ

4위 아이치 愛知県 754만 명
あいちけん

5위 사이타마 埼玉県 734만 명
さいたまけん

 통계 : 2020년

일본의 총인구는 약 1억 2616명이기에 일본인의 10명 중에 한 명 이상이 東京都民, 2위의
とうきょうとみん
神奈川県보다 약 500만 명이 많으며 부동의 1위다.
かながわけん

초급_第11課 差し支えない | 99

unit. 12 注意いたします

일상회화

島津 ： 高杉さん、昨日お送りくださったメールには製品の価格がなかったんですが。

高杉 ： そうですか。部下にきちんと調べてから送るようにと伝えましたけどね。

島津 ： 他の条件は全部そろっていましたが。

高杉 ： 部下に聞いてみます。大変申し訳ございません。

島津 ： 急いでいるので今日中にお願いします。

高杉 ： はい。すぐにご連絡いたします。これからはこういうことがないように注意いたします。

島津 ： よろしくお願いします。

高杉 ： もう一度お詫びいたします。

어휘 표현

☐ 昨日(きのう) 어제 ☐ 送る(おくる) 보내다 ☐ 製品(せいひん) 제품 ☐ 価格(かかく) 가격 ☐ 部下(ぶか) 부하
☐ きちんと 제대로 ☐ 調べる(しらべる) 살피다, 조사하다 ☐ 伝える(つたえる) 전하다 ☐ 他(ほか) 다른
☐ 条件(じょうけん) 조건 ☐ 全部(ぜんぶ) 전부 ☐ そろう 갖추어지다 ☐ 大変(たいへん) 대단히
☐ 申し訳ない(もうしわけない) 죄송하다 ☐ 急ぐ(いそぐ) 서두르다 ☐ 今日中(きょうじゅう) 오늘 중 ☐ 連絡(れんらく) 연락
☐ 注意(ちゅうい) 주의 ☐ 詫びる(わびる) 사과하다

해석

시마즈　　：타카스기 씨, 어제 보내주신 메일에는 제품의 가격이 없었습니다만.
타카스기　：그렇습니까? 부하에게 확실히 살펴보고 나서 보내도록 전했는데 말이죠.
시마즈　　：다른 조건은 전부 갖추어져 있었습니다만.
타카스기　：부하에게 물어보겠습니다. 대단히 죄송합니다.
시마즈　　：급한 것이니 오늘 중으로 부탁합니다.
타카스기　：예. 바로 연락 드리겠습니다. 앞으로는 이런 일이 없도록 주의하겠습니다.
시마즈　　：잘 부탁합니다.
타카스기　：한번 더 사과드리겠습니다.

핵심내용

「注意いたします」는 「주의하겠습니다」 라는 의미로 「いたす」는 「する」 의 겸양표현입니다. 그리고 「気をつけます」 와 같은 의미입니다. 「앞으로」 라는 의미를 가진 「これから」 와 자주 같이 사용하여 「これから注意いたします」 「これから気をつけます」 라는 표현이 많이 사용됩니다.

今後は梱包などに十分にご注意くださいますようお願いいたします。
앞으로는 포장 등에 충분히 주의해 주시도록 부탁합니다.

最近流行しているコロナウイルスにご注意ください。
요즘 유행하고 있는 코로나 바이러스에 주의해 주세요.

料金不足にはくれぐれもご注意願います。
현금 부족에는 부디 주의를 부탁합니다.

今後このような事態がないようご注意申し上げます。
앞으로 이러한 사태가 없도록 주의말씀 드립니다.

unit. 12 注意いたします

📖 勉強しましょう！

① 今後はこのようなことがないように注意いたします。

② 今後は充分注意いたします。申し訳ございませんでした。

③ これからは十分確認して、二度とこのようなことが起こらないように注意いたします。

④ 今後はこのようなミスを起こさないよう、厳重に注意いたします。

어휘 표현
- ☐ 今後 앞으로 ☐ 充分 충분 ☐ 申し訳ない 죄송하다 ☐ 十分 충분히 ☐ 確認 확인
- ☐ 二度と 두 번 다시 ☐ 起こる 일어나다 ☐ 起こす 일으키다 ☐ 厳重 엄중

🔍 勉強しましょう！상세설명

① 앞으로는 이런 일이 없도록 주의하겠습니다.

「今後は」는「앞으로는」이라는 의미로서「これからは」와 같은 의미입니다.「ような」는「~와 같은」이라는 뜻인데,「~ように:~처럼, ~같이」「~ようで:~같고」「~ようだ:~같다」도 같이 알아둡시다. 간단하게 예문을 보면,「先生のような人:선생님 같은 사람」「私のようにしてください:저처럼 해 주세요」「彼は友だちのようで:그는 친구 같고」「明日は雨が降るようだ:내일은 비가 내릴 것 같다」입니다.

② 앞으로는 충분히 주의하겠습니다. 죄송했습니다.

「充分」은 한자는 다르지만 ③번의「十分」과 같은 의미입니다. 그리고「申し訳ございませんでした」는「申し訳ございません」의 과거형으로「죄송했습니다」라고 해석합

니다.

③ 앞으로는 충분히 확인하고, 두 번 다시 이런 일이 일어나지 않도록 주의하겠습니다.

「二度と」는「두 번 다시」라는 의미인데,「二度も」라고 하지 않도록 주의하시기 바랍니다. 그리고「동시가본형+ものか」는「절대~하지 않는다」라는 의미인데,「二度と」와 같이 사용하는 경우가 많습니다. 예를 들면,「あんなまずい店、二度と行くものか:저렇게 맛없는 가게, 두 번 다시 가지 않는다」입니다.「ものか」는「もんか」와 같은 의미인데,「あんなまずい店、二度と行くもんか」라고 해도 같은 표현이 됩니다.

④ 앞으로는 이런 실수를 일으키지 않도록, 엄중히 주의하겠습니다.

「ないよう」「ないように」는「~하지 않도록, ~없도록」이라는 의미인데, 두 개의 예문을 살펴볼게요.

「忘れ物がないように気をつけてください:분실물이 없도록 주의해 주세요」
「危ないところには行かないようにしてください:위험한 곳에는 가지 않도록 해 주세요」입니다.

unit. 12 注意いたします

① 今後提出期限を守るように気をつけます。
→ 앞으로 제출기한을 지키도록 주의하겠습니다.

② 二度と遅刻しないように気をつけます。
→ 두 번 다시 지각하지 않도록 주의하겠습니다.

③ 他の人の意見を理解するように気をつけます。
→ 다른 사람의 의견을 이해하도록 주의하겠습니다.

④ 今後はこのようなことがないように気をつけます。
→ 앞으로는 이러한 일이 없도록 주의하겠습니다.

어휘 표현

- ☐ 今後 앞으로   ☐ 提出 제출   ☐ 期限 기한   ☐ 守る 지키다
- ☐ 気をつける 주의하다   ☐ 二度と 두 번 다시   ☐ 遅刻 지각   ☐ 他 다른
- ☐ 意見 의견   ☐ 理解 이해

 어휘연습

어휘	읽기	의미
製品		
価格		
部下		
条件		
提出		
期限		

 작문연습

1. 제안서에 제품의 가격이 없어서 전화 드렸습니다.

2. 소비자의 동향을 조사하고 나서 보고서를 만들겠습니다.

3. 급한 서류이므로 내일 중으로 보내주세요

unit. 12 注意いたします

문제풀이

어휘	읽기	의미
製品	せいひん	제품
価格	かかく	가격
部下	ぶか	부하
条件	じょうけん	조건
提出	ていしゅつ	제출
期限	きげん	기한

1. 提案書(ていあんしょ)に製品(せいひん)の価格(かかく)がなかったのでお電話(でんわ)しました。

2. 消費者(しょうひしゃ)の動向(どうこう)を調(しら)べてから報告書(ほうこくしょ)を作(つく)ります。

3. 急(いそ)ぎの書類(しょるい)なので明日中(あしたじゅう)に送(おく)ってください。

MEMO

unit. 13 扱っています

일상회화

島津 ： 高杉さんの会社は何を売っていますか。

高杉 ： 当社は主に子供衣料を扱っています。

島津 ： 子供の服ですか。大人の既製服はどうですか。

高杉 ： 5年前までは子供と大人の衣料を扱いましたが、経営陣が変わってからは子供の服だけになりました。

島津 ： そうですか。実は、アメリカから大人の服に関してのお問い合わせがありましてね。

高杉 ： 残念ながら、当社では無理ですね。あ、そういえば、当社の取引先が大人の既製服を輸出していると聞いたんですが、ご紹介しましょうか。

島津 ： お願いします。そうしてくださると助かります。

高杉 ： すぐ担当者に連絡してみます。

어휘 표현

- □ 会社 회사　□ 当社 당사　□ 主に 주로　□ 衣料 의료품, 옷
- □ 扱う 취급하다, 다루다　□ 服 옷　□ 大人 어른　□ 既製服 기성복
- □ 経営陣 경영진　□ 変わる 바뀌다　□ ～てから ～하고 나서　□ 実は 실은
- □ ～に関しての ～에 관한　□ お問い合わせ 문의　□ 残念ながら 유감이지만
- □ 取引先 거래처　□ 輸出 수출　□ 紹介 소개　□ 助かる 도움이 되다
- □ 担当者 담당자　□ 連絡 연락

시미즈　　: 타카스키 씨의 회사는 무엇을 팔고 있습니까?
타카스키　: 당사는 주로 어린이 옷을 취급하고 있습니다.
시미즈　　: 어린이 옷입니까? 어른의 기성복은 어떻습니까?
타카스키　: 5년 전까지는 어린이와 어른의 옷을 취급했습니다만, 경영진이 바뀌고 나서 부터는 어린이 옷만 취급하게 되었습니다.
시미즈　　: 그렇습니까? 실은, 미국에서 어른의 옷에 관한 문의가 있어서 말이죠.
타카스키　: 유감이지만 당사에서는 무리이군요. 아, 그러고 보니 당사의 거래처가 어른의 기성복을 수출하고 있다고 들었습니다만, 소개해 드릴까요?
시미즈　　: 부탁합니다. 그렇게 해 주시면 도움이 되겠습니다.
타카스키　: 바로 담당자에게 연락해 보겠습니다.

「扱う」는 「취급하다, 다루다」라는 의미인데, 「取り扱う」와 같은 뜻입니다. 그리고 「取り扱い」는 명사로서 「취급」이라는 뜻을 가지고 있습니다. 예문을 통해서 더 정확하게 의미를 파악해 봅시다.

イロハ商事は電気製品を扱っています。

이로하 상사는 전기제품을 취급하고 있습니다.

当社で扱っている事務所・倉庫を掲載しております。

당사에서 취급하고 있는 사무실・창고를 게재하고 있습니다.

図書館の資料を大切に扱ってください。

도서관의 자료를 소중히 취급해 주세요.

お店の入り口には、当店で扱っている日本酒が並べてあります。

가게 입구에는 당점에서 취급하고 있는 니혼슈가 진열되어 있습니다

unit.13 扱っています

勉強しましょう！

① その店は子供用品を扱っています。

② この本は人類学を扱っています。

③ 他では扱っていない美味しい商品を多数取り扱っています。

④ どういう保険を扱っていますか。

어휘 표현

- ☐ 店 가게   ☐ 子供 아이   ☐ 用品 용품   ☐ 本 책   ☐ 人類学 인류학   ☐ 他 다른
- ☐ 美味しい 맛있다   ☐ 商品 상품   ☐ 多数 다수   ☐ 取り扱う 취급하다   ☐ 保険 보험

勉強しましょう！상세설명

① 그 가게는 어린이용품을 취급하고 있습니다.

「子供用品」은 「어린이용품」을 나타냅니다. 그 외에, 백화점에서 팔고 있는 물건의 종류에 대해서 간단히 알아보아요. 참고로 각 층의 안내는 「フロアガイド」라고 합니다. 「食品:식품」「おもちゃ:장난감」「紳士服:신사복」「婦人服:부인복」「化粧品:화장품」「トラベル用品:여행용품」 등입니다.

② 이 책은 인류학을 다루고 있습니다.

일본의 서점에 가보면 「立ち読み禁止」라는 푯말을 볼 수가 있는데요. 이것은 책을 사지 않고 그냥 서서 읽는 것을 금지한다는 뜻입니다. 참고로 「洋書売り場」는 「외국서적매장」을 의미합니다.

③ 다른 곳에서는 취급하고 있지 않는 맛있는 상품을 다수 취급하고 있습니다.

「他(ほか)」는「다른」「다른 곳」을 의미하는데, 어떤 가게에 갔을 때. 자리가 없을 경우, 「他(ほか)へ行(い)きましょう:다른 곳에 갑시다」라고 표현할 수가 있어요.

④ 어떤 보험을 취급하고 있습니까?

「どういう」는「どんな」와 같은 의미라고 1과에서 공부를 하였습니다. 한 번 더 복습을 하자면, 「こういう」「そういう」「ああいう」는「こんな」「そんな」「あんな」와 같은 뜻입니다. 여러 번 복습을 하면 머리에 남기에 자주 반복해서 공부하도록 해요.

unit. 13 扱っています

もっと勉強しましょう！

① 料理の味は、気候や地形に関係しています。
　→ 요리의 맛은 기후랑 지형에 관계하고 있습니다.

② それはあなたの将来の夢と関係していますか。
　→ 그것은 당신의 장래의 꿈과 관계하고 있습니까?

③ 彼は会社でいろんなことに関係しています。
　→ 그는 회사에서 여러 일에 관계하고 있습니다.

④ 財政に関係している方はどなたですか。
　→ 재정에 관계하고 있는 분은 누구입니까?

어휘 표현

- 料理 요리
- 味 맛
- 気候 기후
- 地形 지형
- 関係 관계
- 将来 장래
- 夢 꿈
- 会社 회사
- 財政 재정
- 方 분

 어휘연습

어휘	읽기	의미
当社		
主に		
衣料		
既製服		
輸出		
気候		

 작문연습

1. 이 가게는 주로 어린이용품을 팔고 있습니다.

2. 제품에 관한 문의가 잇달고 있어서 매우 바쁩니다.

3. 유감이지만 당사에서는 손님이 찾고 계신 물건은 취급하고 있지 않습니다.

unit.13 扱っています

문제풀이

어휘	읽기	의미
当社	とうしゃ	당사
主に	おもに	주로
衣料	いりょう	의료(옷)
既製服	きせいふく	기성복
輸出	ゆしゅつ	수출
気候	きこう	기후

1. この店は主に子供用品を売っています。

2. 製品に関してのお問い合わせが相次いでとても忙しいです。

3. 残念ながら、当社ではお客さんのお探しの物は扱っておりません。

알아두기

일본에서 가장 인구가 적은 都道府県(도도부현) Best 5

1위 돗토리 鳥取県 55.2만 명

2위 시마네 島根県 66.8만 명

3위 고치 高知県 69.1만명

4위 도쿠시마 徳島県 72.3만 명

5위 후쿠이 福井県 76.4만 명

 통계 : 2020년

위의 5현을 합쳐도 인구가 가장 많은 市町村(시읍면)인 横浜市(376만 명)보다 적다.

unit.14 任せてください

일상회화

島津 : 高杉さん、今ちょっといいですか。

高杉 : はい。何でしょうか。

島津 : 昨日、アメリカからメールで注文書を受けましたが、意味が分からくて…。

高杉 : 島津さんは英語が上手だと聞きましたが。

島津 : 話すのはできますが、読解はなかなかできません。

高杉 : そうですか。私と逆ですね。それに発音も悪くてね。

島津 : お互い足りないところを教えればいいですね。

高杉 : ハハハ。とにかくこの注文書の件は私に任せてください。

어휘 표현

- ☐ 今 지금 ☐ 昨日 어제 ☐ 注文書 주문서 ☐ 受ける 받다 ☐ 意味 의미
- ☐ 分かる 알다 ☐ 英語 영어 ☐ 上手だ 능숙하다 ☐ 聞く 듣다 ☐ 話す 말하다
- ☐ 読解 독해 ☐ なかなか 좀처럼 ☐ 逆だ 반대다 ☐ それに 게다가
- ☐ 発音 발음 ☐ 悪い 나쁘다 ☐ お互い 서로 ☐ 足りない 부족하다
- ☐ 教える 가르치다 ☐ とにかく 여하튼 ☐ 件 건 ☐ 任せる 맡기다

시마즈 : 타카스기 씨, 지금 잠시 괜찮습니까?
타카스기 : 예. 무엇입니까?
시마즈 : 어제 미국에서 메일로 주문서를 받았습니다만, 의미를 몰라서….
타카스기 : 시마즈 씨는 영어를 잘한다고 들었습니다만.
시마즈 : 대화는 가능하지만, 독해는 좀처럼 안 됩니다.
타카스기 : 그렇습니까? 저와 반대이군요. 게다가 발음도 나빠요.
시마즈 : 서로 부족한 부분을 가르치면 좋겠군요.
타카스기 : 하하하. 여하튼 이 주문서 건은 저에게 맡겨 주세요.

「任せる」는「자신의 권한 등을 다른 사람에게 양보하여 일을 대신 하게 하다」는 의미로서「맡기다」는 의미입니다. 같은 표현으로「任す」「委ねる」가 있습니다. 예문을 통해서 다양한 표현을 배워 봅시다.

彼に仕事を任せる。
그에게 일을 맡기다.

あなたの想像に任せます。
당신의 상상에 맡기겠습니다.

「どんな部下でも信頼して、仕事を任せる」ことこそ、リーダーの資格でしょう。
어떤 부하라도 신뢰해서 일을 맡기는 것이야 말로 리더의 자격이겠죠.

監督はお前の野球センスに任せると言った。
감독은 너의 야구센스에 맡기겠다고 말했다.

unit. 14 任せてください

勉強しましょう！

① 是非それは私に任せてください。

② 残りのことは私に任せてください。

③ とても有名な会社なので任せてください。

④ この製品の特許も持っていますので任せてください。

어휘 표현

☐ 是非(ぜひ) 꼭 ☐ 残(のこ)り 나머지 ☐ 有名(ゆうめい) 유명 ☐ 会社(かいしゃ) 회사 ☐ 製品(せいひん) 제품 ☐ 特許(とっきょ) 특허
☐ 持(も)つ 가지다, 들다

勉強しましょう！상세설명

① 꼭 그것은 나에게 맡겨 주세요.

「是非(ぜひ)」는 본인의 희망을 나타내는 단어입니다. 그리고 「きっと」는 「틀림없이」라고 해석을 하지만, 뉘앙스는 「아마도」 입니다. 또, 「かならず」는 「틀림없이」인데, 뉘앙스는 「무슨 일이 있더라도」 입니다. 그럼, 이 세 단어를 예문을 통해서 정확하게 알아봅시다.

「私もぜひ行(い)きたいです : 저도 꼭 가고 싶습니다」 본인의 희망을 나타냅니다.

「山田さんもきっと来(く)るでしょう : 야마다 씨도 틀림없이 오겠죠」 아마도 라는 뉘앙스를 가지고 있습니다.

「借(か)りたお金(かね)はかならず返(かえ)してください : 빌린 돈은 반드시 갚아주세요」 무슨 일이 있더라도 라는 뉘앙스를 가지고 있다는 것을 알 수 있습니다.

이처럼, 한국어로 똑같이 해석하더라도 뉘앙스의 구분을 정확하게 해서 사용해야 하므로 주의해

야 합니다.

② 남은 것은 나에게 맡겨 주세요.
「残り」는「나머지」를 의미입니다.「残る:남다」라는 동사의 명사형입니다. 예문을 두 개만 볼게요.
「残りの仕事をかたづけました:남은 일을 정리했습니다」
「残りのお酒を飲みました:남은 술을 마셨습니다」입니다.

③ 매우 유명한 회사이니 맡겨 주세요.
「なので」와「だから」는 조금의 뉘앙스 차이는 있지만 같은 의미입니다.「명사와 な형용사」에 접속이 됩니다.「なので」쪽이 조금더 정중한 표현이 됩니다. 예문을 통해서 알아볼게요.
「彼は日本語の先生なので漢字にくわしいです:그는 일본어 선생님이기 때문에 한자를 잘 압니다」
「今日は雨だから、写真がうまく撮れない:오늘은 비가 내리기 때문에 사진을 잘 찍을 수 없다」입니다

④ 이 제품의 특허도 가지고 있으니 맡겨 주세요.
「ので」와「から」는 조금의 뉘앙스 차이는 있지만 같은 의미입니다.「동사와 い형용사」에 접속이 됩니다.「ので」쪽이 조금더 정중한 표현이 됩니다. 예문을 통해서 알아볼게요.
「今日は具合が悪いので、会社を休みます:오늘은 컨디션이 나쁘기 때문에 회사를 쉬겠습니다」
「危ないから触らないでください:위험하니 만지지 말아 주세요」입니다.

unit. 14 任せてください

もっと勉強しましょう！

① 今度の仕事はぜひ私にやらせてください。
  → 이번 일은 꼭 나에게 하게 해 주세요.

② それは誰か他の人にやらせてください。
  → 그것은 누군가 다른 사람에게 하게 해 주세요.

③ もう１回やらせてください。
  → 한번 더 하게 해 주세요.

④ すべてのことを自力でやらせてください。
  → 모든 것을 자력으로 하게 해 주세요.

어휘 표현

□ 今度 이번　□ 仕事 일　□ ぜひ 꼭, 반드시　□ 誰か 누군가　□ 他 다른
□ 自力 자력

 어휘연습

어휘	읽기	의미
注文書		
読解		
逆だ		
任せる		
足りない		
自力		

 작문연습

1. 부장님, 잠시 시간을 내 주시겠습니까?

2. 사고라고 있었는지, 전철이 좀처럼 오지 않습니다.

3. 서로가 불편한 점을 느끼면 만나지 않는 편이 좋다.

unit. 14 任せてください

문제풀이

어휘	읽기	의미
注文書	ちゅうもんしょ	주문서
読解	どっかい	독해
逆だ	ぎゃくだ	반대다
任せる	まかせる	맡기다
足りない	たりない	부족하다
自力	じりき	자력

1. 部長、ちょっと時間をさいてくださいますか。

2. 事故でもあったのか、電車がなかなか来ません。

3. お互いが不便なところを感じたら会わない方がいい。

MEMO

unit. 15 最善を尽くします

일상회화

島津 ： もしもし、こちらはサクラ商事の島津と申しますが、高杉さん、いらっしゃいますでしょうか。

高杉 ： あ、島津さん。私です。いつもお世話になっております。

島津 ： 実はですね。昨日届いた商品の中に不良品が２、３個ありました。

高杉 ： 大変申し訳ございません。不良品はすぐに新しいものに変えてお送りいたします。

島津 ： そうしてくださると助かります。ありがとうございます。

高杉 ： いいえ、こちらの不注意で起きたことですので、どうもすみませんでした。

島津 ： 初めてのことですから気になさらないでください。

高杉 ： これからは二度とこんなことがないように最善を尽くします。

어휘 표현

- 商事 상사
- お世話になる 신세를 지다
- 実は 실은
- 昨日 어제
- 届く 도달되다
- 商品 상품
- 不良品 불량품
- 個 개
- 大変 매우
- 新しい 새롭다
- 変える 바꾸다
- 送る 보내다
- 助かる 도움이 되다
- 不注意 부주의
- 起きる 일어나다
- 初めて 처음
- 気になる 신경 쓰다
- なさる 「する-하다」의 존경어
- 二度と 두 번 다시
- 最善を尽くす 최선을 다하다

시마즈　：여보세요, 저는 사쿠라 상사의 시마즈라고 합니다만, 타카스기 씨는 계신가요?
타카스기　：아, 시마즈 씨. 접니다. 항상 신세를 지고 있습니다.
시마즈　：실은 말이죠. 어제 도달된 상품 중에 불량품이 2, 3개 있었습니다.
타카스기　：대단히 죄송합니다. 불량품은 바로 새로운 것으로 바꾸어서 보내 드리겠습니다.
시마즈　：그렇게 해 주신다면 도움이 되겠습니다. 감사합니다.
타카스기　：아뇨, 저희의 부주의로 일어난 일이니, 정말 죄송합니다.
시마즈　：처음 있는 일이니 신경 쓰지 말아주세요.
타카스기　：앞으로는 두 번 다시 이런 일이 없도록 최선을 다하겠습니다.

핵심내용

「最善を尽くす」는「최선을 다하다」는 의미로,「頑張ります:열심히 하겠습니다」「努力いたします:노력하겠습니다」와 유사한 의미입니다. 그리고「尽くす」는「그것을 위해서 전부를 사용해 버리다」는 의미인데,「最善」과 합쳐서「최선을 다하다」는 뜻이 성립이 되는 것입니다. 예문을 통해서 다양한 표현을 배워 보겠습니다.

試験に合格するために最善を尽くすつもりだ。
시험에 합격하기 위해서 최선을 다할 생각이다.
最善を尽くすなら、成功するでしょう。
최선을 다하면 성공하겠죠.
最善を尽くしてもできないことはけっこうあります。
최선을 다해도 할 수 없는 일은 상당히 있습니다.
最善を尽くさなかったら後で後悔するかもしれない。
최선을 다하지 않으면 나중에 후회할지도 모른다.

unit. 15 最善を尽くします

勉強しましょう！

① 私は客を幸せにするために最善を尽くします。

② より多くの努力をして最善を尽くします。

③ お客様にご満足いただけるよう最善を尽くします。

④ 一刻も早く復旧するよう最善を尽くします。

어휘 표현

- ☐ 客 손님　☐ 幸せ 행복　☐ より 보다　☐ 多くの 많은　☐ 努力 노력　☐ お客様 손님
- ☐ 満足 만족　☐ 一刻 한시　☐ 早く 빨리　☐ 復旧 복귀

勉強しましょう！상세설명

① 나는 손님을 행복하게 하기 위해서 최선을 다하겠습니다.

「ために」가「위해서」라는 의미로 사용된 문장인데, 8과에서 이미 공부를 하였습니다. 여기서「ために」와「ように」의 차이점에 대해서 알아봅시다.

「ために」는「자신의 의지로 실현 가능한 동작을 나타내는 의지동사」에 접속합니다.「ために」앞의 문장에는「목적이나 목표」,「ために」뒤에 오는 문장은「그것을 달성하려고 하는 동작」이 옵니다. 이 때 앞의 문장과 뒤의 문장의 주어는 같은 사람입니다. 그리고 조사「に」는 생략할 수 있습니다. 예문을 볼까요.

「勝つためには手段を選ばない:이기기 위해서는 수단을 가리지 않는다」
「勉強のとき集中するため、音楽を聴いている:공부할 때 집중하기 위해 음악을 듣고 있

다」입니다. 두 문장 다 주어는 동일인물인 것을 알 수 있습니다.

「ように」는「무의지동사」에 접속하는「무의지동사」라고 하는 것은「자신의 의지로는 실현이 불가능한 동사」를 의미하는데,「降る:내리다」「忘れる:잊다」「なる:되다」「できる:할 수 있다」등입니다.

「みんなに聞こえるように大きい声で話してください:모두에게 들리도록 큰 목소리로 말해 주세요」

「日本語ができるように努力しています:일본어를 할 수 있도록 노력하고 있습니다」입니다.

② 보다 많은 노력을 하고 최선을 다하겠습니다.

「より」는「보다」「~부터」두 가지 의미를 가지고 있습니다. 예문을 통해서 알아보겠습니다.

「この店よりあの店がおいしい:이 가게보다 저 가게가 맛있다」

「取引先よりメールが来ました:거래처로부터 메일이 왔습니다」입니다.

③ 손님이 만족하실 수 있도록 최선을 다하겠습니다.

「お(ご)+명사+いただく」는 존경표현의 공식입니다. 두 개의 예문을 더 보도록 하겠습니다.

「ご購入いただいてありがとうございました:구입해 주셔서 감사했습니다」

「お電話いただければ幸いです:전화해 주시면 감사하겠습니다」입니다.

④ 한시라도 빨리 복귀하도록 최선을 다하겠습니다.

「一刻も早く」는「한시라도 빨리」라는 의미입니다. 그리고「一刻を争う:일각을 다투다」는 표현도 같이 알아둡시다. 예문을 하나 볼게요.「このプロジェクトは一刻を争うと言われました:이 프로젝트는 일각을 다툰다고 했습니다」입니다..

unit. 15 最善を尽くします

もっと勉強しましょう！

① それを楽しみながら頑張ります。
→ 그것을 즐기면서 열심히 하겠습니다.

② 休日まで仕事を頑張ります。
→ 휴일까지 일을 열심히 하겠습니다.

③ あなたに会える日まで、私は仕事を頑張ります。
→ 당신을 만날 수 있는 날까지 저는 일을 열심히 하겠습니다.

④ どんな状況にいても頑張ります。
→ 어떤 상황에 있어도 열심히 하겠습니다.

어휘 표현

□ 楽しむ 즐기다 □ 頑張る 열심히 하다 □ 休日 휴일 □ 仕事 일
□ 会う 만나다 □ 日 날 □ 状況 상황

어휘연습

어휘	읽기	의미
商事		
不注意		
最善		
休日		
状況		
一刻		

작문연습

1. 항상 신세를 졌던 스기모토 씨가 정년퇴직합니다.

2. 회의장소와 시간을 바꾸어 주실 수 없겠습니까?

3. 외국에서의 이런 경험은 처음이어서 난처했습니다.

unit. 15 最善を尽くします

🔴 문제풀이

어휘	읽기	의미
商事	しょうじ	상사
不注意	ふちゅうい	부주의
最善	さいぜん	최선
休日	きゅうじつ	휴일
状況	じょうきょう	상황
一刻	いっこく	일각

1. いつもお世話になった杉本さんが定年退職します。

2. 会議の場所と時間を変えていただけませんか。

3. 外国でのこんな経験は初めてだったので困っています。

알아두기

都道府県(도도부현) 별
봄의 甲子園 우승횟수 Best 5

1위 오사카 · 아이치
大阪府 · 愛知県 11회

3위 가나가와 · 효고
神奈川県 · 兵庫県 6회

5위 도쿄 · 와까야마 · 도쿠시마 · 히로시마
東京都 · 和歌山県 · 徳島県 · 広島県 5회

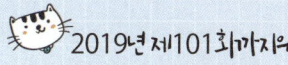
2019년 제101회까지의 통계

平成이후는 大阪府가 우승 5회로 최다, 神奈川県이 4회, 沖縄県과 愛知県이 3회.

초급_第15課 最善を尽くします | 131

중급

まいる

일상회화

島津 ： 高杉さん、ちょっといい？

高杉 ： はい、何でしょうか。

島津 ： これ、急ぎの件だけど、取引先のイロハ商事に行って来てくれない？

高杉 ： どんなご用ですか。

島津 ： 提案書をイロハ商事に持って行ってほしいんだ。

高杉 ： メールではだめですか。

島津 ： 向こう側から提案書を直接見てみたいと言われたので。

高杉 ： はい、わかりました。すぐ行ってまいります。

어휘 표현

- 急ぎの～ 급한～
- 件 건
- 取引先 거래처
- 商事 상사
- ご用 볼일
- 提案書 제안서
- 持つ 들다, 가지다
- 向こう側 상대측
- 直接 직접
- まいる 「行く-가다/来る-오다」의 겸양어

해석

시마즈　　：타카스기 씨, 잠시 괜찮아?
타카스기　：예, 무슨 일입니까?
시마즈　　：이거, 급한 건인데, 거래처인 이로하 상사에 갔다 와 주지 않을래?
타카스기　：어떤 볼일입니까?
시마즈　　：제안서를 이로하 상사에 들고 가 주기를 바라.
타카스기　：메일로는 안 됩니까?
시마즈　　：상대 측이 제안서를 직접 보고 싶다고 해서.
타카스기　：예, 알겠습니다. 바로 다녀오겠습니다

핵심내용

「まいる」는 「行く-가다/来る-오다」의 겸양표현입니다. 나의 동작에 대해서 사용할 수 있습니다. 그리고 「まいる」는 「사물」에도 사용할 수가 있는데, 예문을 통해서 그 이유를 알아보도록 하겠습니다. 역에서 전철이 들어올 때, 역 안의 안내방송 중에서, 「ただいま電車がまいります:지금 전철이 들어옵니다」 라고 겸양표현을 하는 이유는, 역무원 입장에서는 전철은 자기 쪽 물건이고, 그것을 손님들에게 전하는 것이기 때문입니다. 그 외에, 백화점 등에서 엘리베이터가 위로 올라갈 때나 아래로 내려갈 때, 「上へまいります」 「下へまいります」 라고 합니다.

杉本はまもなくまいりますので、こちらにお掛けになってお待ちください。
스기모토는 이제 곧 올 테니, 이쪽에 앉아서 기다려 주세요.

来週はイベント開催のため、東京へまいります。
다음주는 이벤트 개최를 위해, 도쿄에 갑니다.

来月の夏休みに、実家の福岡へまいります。
다음달의 여름 휴가에 본가인 후쿠오카에 갑니다.

担当者がまいりますので、少々お待ちください。
담당자가 올 테니 잠시 기다려 주세요.

unit.1 まいる

勉強しましょう！

① これから彼の見舞いに行ってまいります。

② 駅まで秘書がお迎えにまいります。

③ ここでただいま入ってまいりましたニュースをお伝えします。

④ 私はお客様に満足いただけるよう努力してまいります。

어휘 표현
- ☐ 見舞い 병문안 ☐ 駅 역 ☐ 秘書 비서 ☐ 迎える 마중하다 ☐ ただいま 지금
- ☐ 入る 들어오다 ☐ 伝える 전하다 ☐ お客様 손님 ☐ 満足 만족 ☐ 努力 노력

勉強しましょう！상세설명

① 지금 그의 병문안 갔다 오겠습니다.

「見舞い」는 「見舞う:병문안하다」라는 동사의 명사형입니다. 그리고 「お見合い:맞선」과 헷갈릴 수 있는 단어이니 주의하시기 바랍니다. 참고로 「見舞われる」는 「안 좋은 일을 당하다, 습격을 당하다」라는 의미가 있습니다. 예문을 볼까요.

「大きな災害に見舞われた:큰 재해를 당했다」입니다.

② 역까지 비서가 마중하러 가겠습니다.

「迎える」는 「환영하다, 맞이하다」는 의미인데, 「見送る」는 「배웅하다」는 의미입니다. 그리고 「동사ます형+に」는 「~하러」라는 의미인데, 예문을 볼까요.

「海へ遊びに行きます:바다에 놀러갑니다」

「映画を見に行きます:영화를 보러 갑니다」입니다.

③ 여기서 지금 들어온 뉴스를 전해드리겠습니다.
여기서「まいる」를 사용한 것은, 본문강의에서 설명했듯이「まいる」는 사물이나 물건에도 사용할 수가 있다는 것입니다. 새로운 뉴스가 들어왔다는 것은, 그 뉴스를 전하는 입장에서는 손님에게 뉴스가 있다는 것을 의미하므로 겸양표현을 사용하는 것이 바람직한 것입니다.

④ 나는 손님이 만족할 수 있도록 노력해 가겠습니다.
「お客様に」라고 조사「に」를 쓴 이유은 손님에게 만족해 받을 수 있는 것이기에 조사「に」를 사용한 것입니다. 그리고 내 스스로가 노력을 해 왔기에, 즉 나의 동작이므로 나를 낮추어「まいる」라는 겸양표현을 사용한 것입니다.

まいる

もっと勉強しましょう！

① お客様がお越しになりました。
→ 손님이 오셨습니다.

② ぜひモデルルームの見学だけでもお越しになってください。
→ 꼭 모델룸의 견학만이라도 와 주세요.

③ 身分証をお持ちのうえ、一度お越しになってください。
→ 신분증을 들고, 한 번 와 주세요.

④ 5時までには資料を持っていらっしゃるそうです。
→ 5시까지는 자료를 들고 오신다고 합니다.

어휘 표현

- □ お客様(きゃくさま) 손님 □ お越(こ)しになる 「行く-가다/来る-오다」의 존경어
- □ ぜひ 꼭 □ 見学(けんがく) 견학 □ 身分証(みぶんしょう) 신분증 □ 持(も)つ 들다, 가지다 □ 一度(いちど) 한 번
- □ 資料(しりょう) 자료 □ いらっしゃる 「行く-가다/来る-오다」의 존경어

어휘	읽기	의미
急ぎ		
向こう側		
直接		
実家		
担当者		
身分証		

1. 급하신 서류라면 바로 보내 드리겠습니다.

2. 한가하다면 이 제안서를 봐 주기를 바라.

3. 저 혼자서도 문제없으니, 갔다 오겠습니다.

unit. 1 まいる

문제풀이

어휘	읽기	의미
急ぎ	いそぎ	급함
向こう側	むこうがわ	상대측, 맞은편
直接	ちょくせつ	직접
実家	じっか	본가
担当者	たんとうしゃ	담당자
身分証	みぶんしょう	신분증

1. お急ぎの書類ならすぐお送りします。

2. 暇ならこの提案書を見てほしいんだ。

3. 私一人でも大丈夫だから行ってまいります。

MEMO

unit.2 承知する

일상회화

島津 ： 高杉さん、次回の会議はいつがよろしいでしょうか。

高杉 ： 来週はアメリカに出張がありますので無理ですね。

島津 ： 何日間ですか。

高杉 ： 五日間です。金曜日に帰ってきます。

島津 ： それじゃ、再来週の水曜日はどうですか。

高杉 ： 水曜日ですか。ちょっと待ってください。……その日は別の会議があるので、次の日なら大丈夫だと思いますが。

島津 ： 木曜日ですね。承知しました。午後2時でどうですか。

高杉 ： はい。木曜日の午後2時ですね。

어휘 표현

- □ 次回 다음 번 □ 会議 회의 □ 来週 다음 주 □ 出張 출장 □ 無理 무리
- □ 何日間 며칠 간 □ 五日間 5일간 □ 金曜日 금요일 □ 帰る 돌아오다
- □ 再来週 다다음 주 □ 水曜日 수요일 □ 待つ 기다리다 □ 日 날 □ 別 다른
- □ 次 다음 □ 大丈夫だ 문제없다 □ 木曜日 목요일
- □ 承知する 「分かる-알다」의 겸양어 □ 午後 오후

해 석

시마즈 : 타카스기 씨, 다음 번의 회의는 언제가 좋을까요?
타카스기 : 다음 주는 미국에 출장이 있어서 무리입니다.
시마즈 : 며칠 간입니까?
타카스기 : 5일 간입니다. 금요일에 돌아옵니다.
시마즈 : 그럼, 다 다음 주의 수요일은 어떻습니까?
타카스기 : 수요일입니까? 잠시 기다려 주세요. ……그 날은 다른 회의가 있으니, 다음 날이라면 문제없다고 생각합니다만.
시마즈 : 목요일이군요. 알겠습니다. 오후 2시로 어떻습니까?
타카스기 : 예. 목요일의 오후 2시이군요.

핵심내용

「承知する」는「分かる-알다」의 겸양표현입니다. 겸양표현은 자신을 낮추어서 상대방을 올리는 표현방법을 말합니다. 그리고 조금의 쓰임의 차이는 있겠지만「了承する」「了解する」도 같은 의미입니다.

承知いたしました。すぐにお持ちいたします。
알겠습니다. 바로 들고 오겠습니다
昨日の件に関しまして、承知いたしました。
어제의 건에 관해서 이해했습니다.
１０個追加納品、承知いたしました。
10개 추가납품, 알겠습니다.
打ち合わせの件、承知しました。
협의의 건, 알겠습니다.

承知する

勉強しましょう！

① おっしゃることは承知しました。

② 納期遅滞のご連絡の件、承知しました。

③ 私たちはあなたの意向を承知しました。

④ 次回の打ち合わせの案件、承知しました。

어휘 표현
- おっしゃる「言う-말하다」의 존경어
- 納期 납기
- 遅滞 지체
- 連絡 연락
- 件 건
- 意向 의향
- 次回 다음 번
- 打ち合わせ 협의
- 案件 안건

勉強しましょう！상세설명

① 말씀하신 것은 이해했습니다.

「おっしゃる」는 「言う-말하다」의 존경표현입니다. 겸양표현은 「申し上げる」 입니다.

두 개의 예문을 보도록 할게요.

「課長のおっしゃることに賛成です:과장님이 말씀하신 것에 찬성입니다」

「お客様がおっしゃいましたように:손님이 말씀하신 것처럼」 입니다.

② 납기지체의 연락 건, 알겠습니다.

「遅滞:지체」라는 단어가 조금 어렵게 느껴질 수가 있습니다. 세 개의 예문을 통해서 표현력을 풍부하게 합시다.

「業務が遅滞する:업무가 지체되다」

「遅滞なく前進する:지체없이 전진하다」
「履行遅滞になります:이행지체가 됩니다」 입니다.

③ 우리들은 당신의 의향을 알았습니다.
「意向:의향」이라는 단어에 대해서도 세 개의 예문을 통해서 알아봅시다.
「ご意向をお聞かせください:의향을 들려 주세요」
「本人の意向を打診した:본인의 의향을 타진했다」
「相手のご意向を伺った:상대의 의향을 여쭈었다」 입니다.

④ 다음 번 회의의 안건, 이해했습니다.
「次回」는 「다음 번」이라는 의미이고 「打ち合わせ」는 본 주제에 들어가기 전의 「사전 협의」라는 의미입니다. 회의보다도 세세한 것을 대화하거나, 일을 진행할 때의 진행방법이나 앞으로의 방침 등을 상담하기도 합니다. 예문을 보겠습니다.
「打ち合わせには全員と情報を共有するという意味もある:협의에는 전원과 정보를 공유한다는 의미도 있다」 입니다.

承知する

> もっと勉強しましょう！

① 値段の変更につきましても了解しました。
　→ 가격의 변경에 대해서도 이해했습니다.

② 次回の会議についてのお話、了解しました。
　→ 다음 번의 회의에 대한 이야기, 이해했습니다.

③ 了解しました。次回までに準備いたします。
　→ 알겠습니다. 다음 번까지 준비하겠습니다.

④ 午後に伺えばいいのですね。了解しました。
　→ 오후에 찾아 뵈면 되는군요. 알겠습니다.

어휘 표현

- 値段 가격　□ 変更 변경　□ 了解する 알다, 이해하다　□ 次回 다음 번
- 会議 회의　□ 準備 준비　□ 午後 오후
- 伺う 「聞く-묻다/訪ねる-방문하다」의 겸양어

어휘	읽기	의미
出張		
次		
納期		
遅滞		
意向		
案件		

1. 다음 번 모임은 수요일로 하겠습니다.

2. 많은 사람이 참가하니 다른 장소로 하는 편이 좋다.

3. 선생님의 말씀은 잘 알겠습니다.

unit.2 承知する

문제풀이

어휘	읽기	의미
出張	しゅっちょう	출장
次	つぎ	다음
納期	のうき	납기
遅滞	ちたい	지체
意向	いこう	의향
案件	あんけん	안건

1. 次回の集まりは水曜日にします。

2. たくさんの人が参加するから別の場所にしたほうがいい。

3. 先生のお話はよく承知します。

알아두기

都道府県(도도부현) 별
여름의 甲子薗 우승횟수 Best 5

1위 오사카　　　大阪府 14회

2위 아이치　　　愛知県 8회

3위 와카야마・효고・히로시마・도쿄・가나가와
　　　和歌山県・兵庫県・広島県・東京都・神奈川県 7회

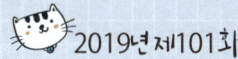
2019년 제101회까지의 통계
平成이후는 大阪府가 우승 6회로 최다. 이어 東京都가 우승 5회.

申し訳ございません

일상회화

島津　：　高杉君、昨日頼んだ資料はできた？

高杉　：　はい、すぐ持っていきます。これでどうですか。

島津　：　ふーむ。最近３年間の業績を比べ合うように言ったけど。

高杉　：　３年間ですか。私は去年と今年だけだと思いましたが。

島津　：　いや、２０２０年から２０２２年までの業績よ。

高杉　：　申し訳ございません。すぐ直します。

島津　：　急いでいるから午後３時までには終わらせて。

高杉　：　はい、わかりました。

어휘 표현

- 昨日 어제　□ 頼む 부탁하다　□ 資料 자료　□ できる 완성되다
- 最近 최근　□ 〜年間 〜년 간　□ 業績 업적　□ 比べ合う 서로 비교하다
- 去年 작년　□ 今年 올해　□ 申し訳ない 죄송하다　□ 直す 고치다
- 急ぐ 서두르다　□ 午後 오후　□ 終わる 끝내다

해 석

시마즈 : 타카스기 군, 어제 부탁한 자료는 완성되었어?
타카스기 : 예, 바로 들고 가겠습니다. 이것으로 어떻습니까?
시마즈 : 흠. 최근 3년 간의 업적을 서로 비교하도록 말했는데.
타카스기 : 3년 간입니까? 저는 작년과 올해만이라고 생각했습니다만.
시마즈 : 아니, 2020년부터 2022년까지의 업적이야.
타카스기 : 죄송합니다. 바로 고치겠습니다.
시마즈 : 급한 것이나 오후 3시까지는 끝내.
타카스기 : 예, 알겠습니다.

핵심내용

「申し訳ございません」은「죄송합니다」「변명의 여지가 없습니다」라는 의미로 사죄를 할 때 사용하는 표현입니다.「申し訳ありません」이라고도 하며, 과거형은「申し訳ございませんでした:죄송했습니다」「申し訳ありませんでした」라고 합니다. 예문을 통해서 정확하게 그 의미를 파악해 봅시다.

この度はご迷惑をおかけし、大変申し訳ございません。

이번에는 폐를 끼쳐서 대단히 죄송합니다.

お返事が遅れてしまい、大変申し訳ございません。

답변이 늦어버려, 대단히 죄송합니다.

申し訳ございません。これから気を付けます。

죄송합니다. 앞으로 주의하겠습니다.

お手数をおかけして申し訳ございません。

수고를 끼쳐 드려서 죄송합니다.

unit.3 申し訳ございません

勉強しましょう！

① お客様を混乱させてしまい、まことに申し訳ございません。

② 納品が遅れてしまい大変申し訳ございません。

③ 先日はお電話できずに申し訳ございませんでした。

④ お返事が遅くなりまして申し訳ございません。

어휘 표현

- ☐ お客様(きゃくさま) 손님　☐ 混乱(こんらん) 혼란　☐ まことに 진심으로　☐ 納品(のうひん) 납품　☐ 遅(おく)れる 늦다
- ☐ 大変(たいへん) 매우　☐ 先日(せんじつ) 전날　☐ 電話(でんわ) 전화　☐ 返事(へんじ) 답변, 답신　☐ 遅(おそ)い 늦다

勉強しましょう！ 상세설명

① 손님을 혼란시켜서 진심으로 죄송합니다.

「混乱させる」는 「混乱する」의 「사역표현」입니다. 본문강의에서도 언급했듯이 사역표현은 「~을 시키다, ~하게 만들다」라고 해석을 하면 된다고 하였으므로 「혼란시키다」라고 해석을 하면 됩니다. 그리고 「~てしまう」는 기초 10과에서 다양한 예문을 통해서 충분히 공부를 했습니다. 한 개의 예문을 볼까요.

「先生に教(おし)えてもらったことを忘(わす)れてしまいました:선생님께 가르쳐 받은 것을 잊어버렸습니다」입니다.

② 납품이 늦어져서 대단히 죄송합니다.

「納品(のうひん)」은 「납품」이라는 의미인데, 좀 더 많은 단어를 공부해 볼게요.

152 | 개그맨 김영민과 함께 하는 バリバリ 비지니스 일본어

「納期(のうき):납기」「納得(なっとく):납득」「受納(じゅのう):수납」「品質(ひんしつ):품질」「製品(せいひん):제품」「商品(しょうひん):상품」입니다.

③ 전날은 전화를 못해서 죄송했습니다.

「ずに」는「ないで」는「~하지 않고」「~하지 않아서」 라는 의미입니다. 그런데「する」는「せずに」로 한다는 것에 주의해 주시기 바랍니다. 두 개의 예문을 통해서 정확한 의미를 알아 볼게요.

「私は普段(ふだん)、コーヒーに砂糖(さとう)を入(い)れずに飲(の)みます:나는 평소에 커피를 설탕을 넣지 않고 마십니다」

「今朝(けさ)、朝(あさ)ごはんを食(た)べずに学校(がっこう)に来(き)ました:오늘 아침,아침밥을 먹지 않고 학교에 왔습니다」입니다.

④ 답변이 늦어서 죄송합니다.

「返事(へんじ)」는「답변, 답신」이라는 의미입니다. 두 개의 예문을 알아 볼게요.

「手紙(てがみ)の返事を書(か)きました:편지의 답변을 썼습니다」

「返事をお待(ま)ちしております:답변을 기다리고 있습니다」입니다.

申し訳ございません

もっと勉強しましょう！

① お忙しい中、お電話をいただき恐縮しております。
　→ 바쁘신 중에 전화를 주셔서 감사합니다.

② この度はご丁寧な品を賜り、大変恐縮です。
　→ 이번에 소중한 선물을 주셔서 매우 감사합니다.

③ 誠に恐縮ですが、扉を開けてくださいませんか。
　→ 진심으로 죄송합니다만, 문을 열어 주시기 않겠습니까?

④ 大変お忙しいところ恐縮ですが、資料の作成をお願いいたします。
　→ 대단히 바쁘신 중에 죄송합니다만, 자료의 작성을 부탁합니다.

어휘 표현

- 忙しい 바쁘다
- 電話 전화
- 恐縮 죄송함, 감사함
- この度 이번
- 丁寧 정중함, 소중함
- 品 물건
- 賜る 주다
- 大変 매우
- 誠に 진심으로
- 扉 문
- 開ける 열다
- 資料 자료
- 作成 작성

어휘	읽기	의미
最近		
業績		
直す		
終わる		
恐縮		
作成		

1. 부장님께 부탁받은 자료가 완성되었습니다.

2. 이로하 상사와 매상을 서로 비교했다.

3. 죄송합니다. 틀린 곳을 바로 고쳐서 들고 가겠습니다.

申し訳ございません

 문제풀이

어휘	읽기	의미
最近	さいきん	최근
業績	ぎょうせき	업적
直す	なおす	고치다
終わる	おわる	끝나다
恐縮	きょうしゅく	죄송함, 감사함
作成	さくせい	작성

1. 部長に頼まれた資料ができました。

2. いろは商事と売り上げを比べ合った。

3. 申し訳ございません。間違ったところを直して持って行きます。

MEMO

お言葉に甘えて

일상회화

島津　：　今夜、時間があったら飲みに行かない？

高杉　：　いいですよ。別に何もないです。

島津　：　どこがいいかな…。

高杉　：　駅前に新しい焼肉屋ができましたけど。

島津　：　そう？そこに行こうか。最近肉を食べてないし。

高杉　：　予約します。会社のあと、すぐ行きますね。

島津　：　うん。今日は私が払うよ。

高杉　：　すみません。ではお言葉に甘えてご馳走になります。

어휘 표현

□ 今夜(こんや) 오늘밤　□ 別に(べつに) 딱히, 특별히　□ 駅前(えきまえ) 역 앞　□ 新しい(あたらしい) 새롭다
□ 焼肉屋(やきにくや) 고깃집　□ 最近(さいきん) 최근　□ 予約(よやく) 예약　□ 会社(かいしゃ) 회사　□ 今日(きょう) 오늘
□ 払う(はらう) 지불하다　□ お言葉(ことば)に甘(あま)えて 정 그러시다면, 그렇게 말씀하시니 (염치 불구하고)　□ ご馳走(ちそう)になる 얻어먹다

해석

시마즈 : 오늘 밤 시간이 있으면 한잔 하러 안 갈래?
타카스기 : 좋습니다. 특별히 아무 일도 없습니다.
시마즈 : 어디가 좋을까 ….
타카스기 : 역 앞에 새로운 고깃집에 생겼습니다만.
시마즈 : 그래? 거기로 갈까. 요즘 고기도 먹지 않았고.
타카스기 : 예약하겠습니다. 회사를 마친 후에 바로 갈 거죠?
시마즈 : 응. 오늘은 내가 계산할게.
타카스기 : 감사합니다. 그럼, 염치 불구하고 얻어먹겠습니다.

핵심내용

「お言葉に甘えて」는 다양하게 해석할 수 있습니다. 「お言葉」는 「상대방의 말」을 의미하고, 「甘える」는 「호의・친절을 스스럼없이 받아 들이다」라는 의미입니다. 따라서 문장 그대로 해석을 하면 「상대방의 말을 스스럼없이 받아들이다」라는 의미가 됩니다. 따라서 「お言葉に甘えて」를 부드럽게 해석을 하면, 「말씀하신 대로」 「말씀을 받들어」 「말씀 고맙게 받아들여」 「그럼 사양 않고」 「염치 불구하고」 「호의를 받아들여」라고 해석을 할 수가 있습니다.

先日はお言葉に甘えて、ついつい長居してしまい、失礼いたしました。
전날은 염치 불구하고 그만 오랫동안 머물러서 실례했습니다.
わざわざありがとうございます。お言葉に甘えさせていただきます。
일부러 감사합니다. 호의를 받아들이겠습니다.
すみません。ではお言葉に甘えてご馳走になります。
죄송합니다. 그럼 사양 않고 잘 먹겠습니다.
ありがとうございます。お言葉に甘えて頂戴いたします。
감사합니다. 염치 불구하고 받겠습니다.

unit. 4　お言葉に甘えて

勉強しましょう！

① お言葉に甘えてそうさせていただきます。

② お言葉に甘えて明日お伺いいたします。

③ お言葉に甘えて、会議後の段取りをお任せします。

④ お言葉に甘えて、御社に訪問させていただきます。

어휘표현
- 동사사역형+〜ていただく 겸양표현(〜하겠다)
- 伺う 「聞く-묻다/訪ねる-방문하다」의 겸양어
- 会議後 회의 후
- 段取り 절차
- 任せる 맡기다
- 御社 귀사
- 訪問 방문

勉強しましょう！ 상세설명

① 그렇게 말씀하시니 그렇게 하겠습니다.

「동사사역형+〜ていただく」는 겸양표현으로서 「〜하겠다」라는 의미입니다. 이 표현은 비즈니스 회화에서 굉장히 많이 사용하는 표현이므로 반드시 암기해 두시기 바랍니다. 중요한 표현이기에 네 개의 예문을 통해서 공부해 보도록 하겠습니다.

「本日は私が説明させていただきます:오늘은 제가 설명하겠습니다」
「皆様のご意見を確認させていただきます:여러분의 의견을 확인하겠습니다」
「スケジュールを変更させていただきます:스케줄을 변경하겠습니다」
「納期を延期させていただけないでしょうか:납기를 연기할 수 있을까요?」 입니다.

② 그렇게 말씀하시니 내일 찾아 뵙겠습니다.

「伺う」는 「聞く-묻다/訪ねる-방문하다」의 겸양표현으로서 앞 과에서 여러 번 공부를 하였습니다. 그리고 「お+동사ます형+いたす」도 겸양공식이기에 「伺う」를 더욱 겸양표현으로 만든 문장입니다.

③ 정 그러시다면, 회의 후의 절차를 맡기겠습니다.
「段取り」는 「일을 진행시키는 순서・방도, 절차」라는 의미입니다. 두 개의 예문을 볼까요.
「段取りが下手なせいで、周りからの評価が悪い:일을 진행시기는 방법이 서툴러서 주변으로부터의 평가가 나쁘다」
「段取りをあらかじめ考えていたので作業がスムーズに進んだ:방법을 미리 생각했기 때문에 작업이 부드럽게 진행되었다」입니다.

④ 정 그러시다면, 귀사에 방문하겠습니다.
「御社」는 「상대방의 회사는 높여 부르는 말」인데, 「貴社:귀사」와 같은 의미입니다. 그리고 「자기 회사」는 「当社:당사」라고 하는데 겸양표현으로는 「弊社」라고 합니다.

unit.4 お言葉に甘えて

もっと勉強しましょう！

① 「素晴らしい」というお褒めの言葉をいただき、誠にありかたく存じます。
　→ 멋지다는 칭찬의 말씀을 들어서, 진심으로 감사하게 생각합니다.

② 身に余るお言葉を賜り、心からお礼申し上げます。
　→ 분에 넘칠 말씀을 해 주셔서 마음으로 감사의 말씀을 드립니다.

③ お言葉を返すようですが、おっしゃるような計画はうまくいかないと思います。
　→ 반론을 하는 것 같습니다만, 말씀하신 것 같은 계획은 잘 안 될 거라고 생각합니다.

④ お言葉ですが、全力で作業を行っています。
　→ 죄송합니다만, 전력으로 작업을 행하고 있습니다.

어휘 표현

- □ 素晴らしい 멋지다　□ お褒め 칭찬　□ 言葉 말　□ 誠に 진심으로
- □ 存じる 「思う-생각하다」의 겸양어　□ 身に余る 분에 넘치다　□ 賜る 주다
- □ 心 마음　□ お礼 감사　□ 申し上げる 「言う-말하다」의 겸양어
- □ お言葉を返す 반론을 하다　□ 計画 계획
- □ お言葉ですが 반론입니다만, 죄송합니다만　□ 全力 전력　□ 作業 작업
- □ 行う 행하다

 어휘연습

어휘	읽기	의미
今夜		
焼肉屋		
予約		
ご馳走になる		
誠に		
全力		

 작문연습

1. 오늘, 일을 마친 후, 한잔하러 가지 않을래?

2. 회사 앞에 새로운 술집이 생겼는데 가 봅시다.

3. 염치 불구하고 오늘은 얻어먹겠습니다.

お言葉に甘えて

 문제풀이

어휘	읽기	의미
今夜	こんや	오늘밤
焼肉屋	やきにくや	고깃집
予約	よやく	예약
ご馳走になる	ごちそうになる	얻어먹다
誠に	まことに	진심으로
全力	ぜんりょく	전력

1. 今日、仕事の後に、一杯飲みに行かない？。

2. 会社の前に新しい飲み屋ができましたけど行ってみましょう。

3. お言葉に甘えて今日はご馳走になります。

알아두기

고등학교 별 甲子園(こうしえん) 우승횟수 Best 5

1위 츄쿄다이츄쿄
中京大中京(ちゅうきょうだいちゅうきょう)(中京商業(ちゅうきょうしょうぎょう)) 11회(여름 7, 봄 4)

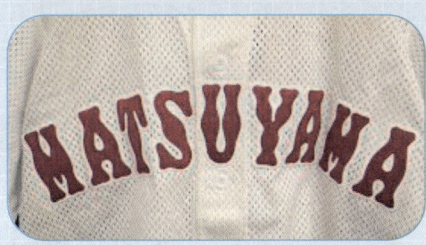
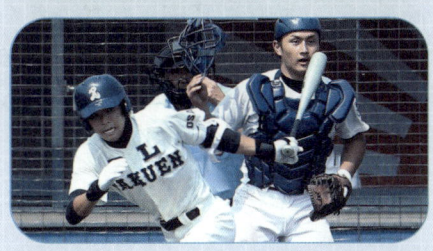

2위 오사카토인
大阪桐蔭(おおさかとういん) 8회(여름 5, 봄 3)

3위 히로시마·마츠야마·PL학원

6위 요코하마·토호
横浜高校(よこはまこうこう) 5회(여름 2, 봄 3)·東邦高校(とうほうこうこう)(봄 5)

広島商業(ひろしましょうぎょう) 7회(여름 6, 봄 1)·松山商業(まつやましょうぎょう)(여름 5, 봄 2)·PL学園(がくいん)(여름 4, 봄 3)

 2019년 여름까지의 통계

広島商業(ひろしましょうぎょう)과 松山商業(まつやましょうぎょう)은 공립고등학교 / 広島商業(ひろしましょうぎょう)과 PL学園(がくいん)은 平成(へいせい) 이후의 우승 없음 / 大阪桐蔭(おおさかとういん)의 우승은 전부 平成(へいせい) 이후

unit. 5 先ほど

일상회화

島津 ： 部長、先ほど吉田という方から電話がありましたよ。

高杉 ： そう？何か伝言があった？

島津 ： はい。３時ごろもう一度かけ直すと言っていました。

高杉 ： おかしいな。３時にこっちに訪問する予定だったのに。吉田さんの電話番号は知ってる？

島津 ： いいえ、聞いてなかったんです。

高杉 ： それだめだよ。相手が誰だって聞いてみるべきじゃないか。

島津 ： すみません。これからは気をつけます。

高杉 ： 私が留守中にかかってくる電話はすべて記録しておきなさい。

어휘 표현

- □ 部長 부장 □ 先ほど 조금 전 □ 方 분 □ 伝言 전언
- □ かけ直す 새로 걸다 □ おかしい 이상하다 □ 訪問 방문 □ 予定 예정
- □ 相手 상대 □ 誰 누구 □ 명사+だって ～라도, ～역시
- □ ～べきだ ～해야만 하다 □ 気をつける 주의하다 □ 留守中 없는 동안
- □ すべて 전부 □ 記録 기록

시마즈 : 부장님, 조금 전에 요시다라는 분으로부터 전화가 있었습니다.
타카스기 : 그래? 뭔가 메모를 남겨 두었어?
시마즈 : 예. 3시 경 한번 더 새로 전화를 건다고 말했습니다.
타카스기 : 이상하군. 3시에 여기로 방문할 예정이었는데. 요시다 씨의 전화번호는 알아?
시마즈 : 아뇨, 묻지 않았습니다.
타카스기 : 그건 안 돼. 상대가 누구든 물어 보아야만 하지 않니?
시마즈 : 죄송합니다. 앞으로는 주의하겠습니다.
타카스기 : 내가 없는 동안에 걸려오는 전화는 전부 기록해 둬.

핵심내용

「先ほど」는 「조금 전」이라는 의미입니다. 「さっき」도 같은 의미이지만, 「先ほど」가 정중한 표현입니다. 그리고 「さきに」는 「먼저」라는 뜻이고, 반대말은 「後ほど」입니다. 그럼 이 네 단어를 예문을 통해서 알아보겠습니다.

さっき、お母さんが来てたよ。
조금 전에 어머니가 왔어.
先ほど、お母さまがいらしてましたよ。
조금 전에 어머니가 오셨습니다.
さきに帰っていいですよ。
먼저 돌아가도 좋습니다.
後ほどお電話いたします。
나중에 전화 드리겠습니다.

unit.5 先ほど

勉強しましょう！

① 私には先ほどのメールは届いていません。

② 先ほどは、ご馳走いただき、ありがとうございました。

③ 先ほどお伝えしたスケジュールは不正確でございました。

④ 先ほどご連絡した打ち合わせ日程を一旦取り消させてください。

어휘 표현
- ☐ 届く 배달(도달)되다 ☐ ご馳走 맛있는 음식, 대접 ☐ 伝える 전하다 ☐ 不正確 부정확
- ☐ 連絡 연락 ☐ 打ち合わせ 협의 ☐ 日程 일정 ☐ 一旦 일단 ☐ 取り消す 취소하다

勉強しましょう！상세설명

① 저에게는 조금 전의 메일은 도달하지 않았습니다.

「先ほど」의 반대표현은「後ほど」인데,「나중에」라는 표현입니다.「あとで」는 일반적인 표현이고「後ほど」는 정중한 표현입니다. 예문을 통해서 알아볼게요.

「また後ほどお目にかかります:또 나중에 뵙겠습니다」

「担当者が席を外していますので、後ほどご連絡いたします:담당자가 자리에 없기 때문에 나중에 연락하겠습니다」

「あとで後悔するよ:나중에 후회할 거야」

「あとで行きます:나중에 가겠습니다」입니다.

② 조금 전에는, 맛있는 음식을 사 주셔서 감사했습니다.

「ご馳走」는 「맛있는 음식, 대접」이라는 의미입니다. 「ご馳走する」는 「맛있는 음식을 하는 것」이기 때문에 「대접하다, 한턱내다」라는 의미이고, 「ご馳走になる」는 「맛있는 음식이 되는 것」이기 때문에 「얻어먹다, 대접받다」라는 의미가 됩니다. 예를 통해서 더 자세히 알아보겠습니다.

「今日は私がご馳走します:오늘은 제가 한턱 내겠습니다」
「ご馳走になったあとはお礼のメールを送ることは大事です:대접을 받은 뒤에는 감사의 메일을 보내는 것은 중요합니다」 입니다.

③ 조금 전 전한 스케줄은 부정확합니다.

「でございます」는 「です:입니다」의 정중한 표현으로 3과에서 공부한 적이 있습니다. 즉, 「です」 대신에 「でございます」를 사용하면 문장이 더욱 정중한 표현이 됩니다. 한 개의 예문을 보도록 하겠습니다.

「これは本でございます:이것은 책입니다」 입니다.

④ 조금 전 연락한 협의 일정을 일단 취소하게 해 주세요.

「一旦」은 「일단」이라는 의미이고, 「取り消す:취소하다」의 명사형 「取り消し:취소」도 같이 알아 둡시다. 예문을 보겠습니다.

「一旦決定した方針は変更できない:일단 결정한 방침은 변경할 수 없다」
「今日の会議は取り消しです:오늘 회의는 취소입니다」 입니다.

unit.5 先ほど

もっと勉強しましょう！

① 担当者が席を外していますので、後ほどご連絡致します。
   → 담당자가 자리를 없기에 나중에 연락하겠습니다.

② ご質問の件に関しては、確認して後ほどご連絡致します。
   → 질문하신 것에 관해서는, 확인해서 나중에 연락하겠습니다.

③ 資料を作成し、後ほどメールで送付致します。
   → 자료를 작성하여, 나중에 메일로 송부하겠습니다.

④ スケジュールを確認し、後ほどメールでご連絡します。
   → 스케줄을 확인하고, 나중에 메일로 연락하겠습니다.

어휘 표현

☐ 担当者(たんとうしゃ) 담당자 ☐ 席(せき)を外(はず)す 자리를 비우다 ☐ 後(のち)ほど 나중 ☐ 連絡(れんらく) 연락
☐ 致(いた)す 「する-하다」의 겸양어 ☐ 質問(しつもん) 질문 ☐ 件(けん) 건 ☐ 確認(かくにん) 확인
☐ 資料(しりょう) 자료 ☐ 作成(さくせい) 작성 ☐ 送付(そうふ) 송부

 어휘연습

어휘	읽기	의미
伝言		
訪問		
留守中		
記録		
変更		
送付		

 작문연습

1. 조금전에 전화드린 스기모토입니다.

2. 제 쪽에서 오후 1시경에 새로 전화드려도 괜찮겠습니까?

3. 아이 앞에서 부부싸움을 해서는 안 된다.

unit.5 先ほど

문제풀이

어휘	읽기	의미
伝言	でんごん	전언
訪問	ほうもん	방문
留守中	るすちゅう	없는 동안
記録	きろく	기록
変更	へんこう	변경
送付	そうふ	송부

1. 先ほどお電話した杉本です。

2. こちらから午後1時頃、かけ直してもよろしいでしょうか。

3. 子供の前で夫婦けんかをするべきではない。

MEMO

unit. 6 ～でございます

일상회화

島津 ： すみません。モデル番号MP３４のコンピューターはありますか。

高杉 ： 少々お待ちください。こちらがお探しの商品でございますね。

島津 ： はい。モデルはこれでいいですが、銀色はありますか。

高杉 ： 銀色は売切れで来週入ってくる予定です。

島津 ： そうですか。

高杉 ： 人気のモデルですので、入り次第、すぐ売れてしまいます。

島津 ： ふーむ。それじゃ、黒をお願いします。

高杉 ： はい。黒は在庫がありますのですぐに持ってきます。

어휘 표현

- 番号(ばんごう) 번호 □ 少々(しょうしょう) 잠시 □ 探す(さがす) 찾다 □ 商品(しょうひん) 상품
- ～でございます「～です-입니다」의 정중한 표현 □ 銀色(ぎんいろ) 은색
- 売切れ(うりきれ) 품절 □ 来週(らいしゅう) 다음주 □ 入る(はいる) 들어오다 □ 予定(よてい) 예정 □ 人気(にんき) 인기
- 동사ます형+次第(しだい) ~하는 대로 □ 売れる(うれる) 팔리다 □ 黒(くろ) 검정 □ 在庫(ざいこ) 재고

해석

시마즈 : 실례합니다. 모델번호 MP34의 컴퓨터는 있습니까?
타카스기 : 잠시 기다려 주세요. 이쪽이 찾고 계시는 상품입니다.
시마즈 : 예. 모델은 이것으로 좋습니다만, 은색은 있습니까?
타카스기 : 은색은 품절이어서 다음주에 들어올 예정입니다.
시마즈 : 그렇습니까?
타카스기 : 인기 모델이어서 들어오는 대로 바로 팔려 버립니다.
시마즈 : 흠. 그럼 검정색을 부탁합니다.
타카스기 : 예. 검정색은 재고가 있으니 바로 들고 오겠습니다.

핵심내용

「〜でございます」는 「입니다」 라는 의미로, 기초 3과와 중급 5과에서 예문을 통해서 공부한 적이 있습니다. 그리고 「〜ではありません:〜이 아닙니다」은 「〜でございません」과 같은 뜻입니다. 그런데 「で」를 뺀 「ございます」는 「あります:있습니다」의 정중한 표현입니다. 따라서 이 두가지 표현의 의미를 정확하게 알아두어야 합니다. 「〜でございます」에 「で」가 있기 때문에 「です」와 같은 의미라고 암기를 하면 쉽게 외울 수가 있습니다.

その件に関しましては、ただいま確認中でございます。
그 건에 관해서는 지금 확인 중입니다.

先日お伺いしました杉本でございます。
전날 찾아 뵈었던 스기모토입니다.

ご質問はございますか。
질문은 있습니까?

すみません、こちらの色違いの商品はございますか。
실례합니다, 이쪽의 색깔이 다른 상품은 있습니까?

unit. 6 ～でございます

勉強しましょう！

① 山田は会議中でございます。

② 全くその通りでございます。

③ 営業部一同、感謝の気持ちでいっぱいでございます。

④ お客さまがお怒りになるのももっともでございます。

어휘 표현

☐ 会議中 회의 중 ☐ 全く 정말, 완전히 ☐ その通り 그대로 ☐ 営業部 영업부
☐ 一同 일동 ☐ 感謝 감사 ☐ 気持ち 마음 ☐ いっぱい 가득 ☐ 怒り 분노
☐ もっともだ 당연하다

勉強しましょう！ 상세설명

① 야마다는 회의 중입니다.

「中(중)」의 음독에 대해서 알아보겠습니다. 「中(중)」의 음독은 「ちゅう」와 「じゅう」 두 가지가 있는데, 「ちゅう」로 읽는 경우는, 1. 그 시간 중 2. 어떤 것의 안 3. 무언가를 하는 동안이고, 「じゅう」로 읽는 경우는, 1. 그 시기나 시간 전체 2. 그 지역 전체일 경우입니다. 예문을 통해서 알아볼게요.

1. 그 시간 중을 나타내는 경우   午前中:오전 중
2. 어떤 것의 안을 나타내는 경우   空気中:공기 중 大気中:대기 중
3. 무언가를 하는 동안을 나타내는 경우   授業中:수업 중 仕事中:업무 중

입니다.

1. 그 시기나 시간 전체를 나타내는 경우　一日中(いちにちじゅう):하루 종일　一年中(いちねんじゅう):1년 내도록
2. 그 지역 전체일 경우　　日本中(にほんじゅう):일본 전체　世界中(せかいじゅう):세계 모든

② 정말로 말씀하신 대로입니다.
「全(また)く」는 긍정문일 경우는 「완전히, 정말」이라는 의미이지만 부정문일 경우는 「전혀」라는 의미가 됩니다. 예문을 통해서 알아보겠습니다.
「全くおっしゃるとおりです:정말 말씀하시는 대로입니다」
「先生の言っていることが全くわからない:선생님이 말하고 있는 것을 전혀 모르겠다」입니다.

③ 영업부 일동, 감사의 마음으로 가득입니다.
「一同(いちどう)」는 「일동」 즉, 전체를 나타내는 말이고, 「いっぱい」는 「가득차다」는 의미입니다. 그리고 「胸(むね)がいっぱいだ」는 「가슴이 벅차다」라는 의미입니다. 예문을 볼까요.
「息子(むすこ)が大学(だいがく)に合格(ごうかく)して胸がいっぱいになった:아들이 대학에 합격해서 가슴이 벅찼다」입니다.

④ 손님이 화를 내시는 것도 당연합니다.
「화를 내다」는 동사는 「怒(おこ)る」라고 읽지만, 「분노, 화」라는 명사가 되면 「怒(いか)り」로 읽기가 바뀝니다. 주의하시기 바랍니다. 그리고 「もっともだ」는 「당연하다」는 의미이지만, 「もっとも」가 부사로 사용될 경우는 「가장」이라는 의미가 됩니다. 예문을 통해서 알아보겠습니다.
「もっとも深(ふか)い川(かわ)です:가장 깊은 강입니다」
「もっとも順位(じゅんい)が高(たか)くなりました:가장 순위가 높아졌습니다」 입니다.

unit. 6 〜でございます

もっと勉強しましょう！

① お手洗いは2階にございます。
　→ 화장실은 2층에 있습니다.

② こちらの商品は在庫がございます。
　→ 이쪽의 상품은 재고가 있습니다.

③ 何かお困りごとはございませんか。
　→ 뭐가 곤란한 일은 없습니까?

④ お手元にパソコンはございますか。
　→ 손(수중)에 PC는 있습니까?

어휘 표현

- □ お手洗い 화장실　□ ございます「あります-있습니다」의 정중한 표현
- □ 商品 상품　□ 在庫 재고　□ お困りごと 곤란한 일　□ お手元 수중

 어휘연습

어휘	읽기	의미
番号		
探す		
銀色		
売切れ		
人気		
在庫		

 작문연습

1. 사카모토 상사 영업부입니다.

2. 이쪽의 상품은 품절이고, 다음달에 들어올 예정입니다.

3. 스기모토가 도착하는 대로 연락하겠습니다.

unit.6 ～でございます

문제풀이

어휘	읽기	의미
番号	ばんごう	번호
探す	さがす	찾다
銀色	ぎんいろ	은색
売切れ	うりきれ	품절
人気	にんき	인기
在庫	ざいこ	재고

1. 坂本商事の営業部でございます。

2. こちらの商品は売切れで来月入ってくる予定です。

3. 杉本が着き次第ご連絡いたします。

알아두기

箱根駅伝 마라톤 대학 별
우승횟수 Best 5

1위 주오대 　中央大学 14회

2위 와세다대 　早稲田大学 13회

3위 일본대 　日本大学 12회

4위 준텐도대 　順天堂大学 11회

5위 일본체대 　日本体育大学 10회

통계 : 2020년까지
明治大学 7회, 駒澤大学이 6회.
연패기록은 昭和 34년부터 39년에 걸쳐 中央大学의 6연패가 최다.

unit 7 ～ところです

일상회화

島津 : 遅くなってすみません。道が混んでいたので。

高杉 : いいえ、私も今来たところなんです。

島津 : この辺はいつも混んでいますね。

高杉 : 地下鉄の工事があるからです。来年工事が終わるそうです。

島津 : そうですか。工事が終わると便利になるし、道が混んだりもしませんね。

高杉 : そうですね。工事期間が5年だったので大変だったんですよ。

島津 : 少し不便でも我慢するしかないですね。

高杉 : はい。それじゃ仕事の話をしましょうか。

어휘 표현

- 遅い 늦다　□ 道が混む 길이 막히다　□ 今 지금
- 동사과거형+ところ 막～함　□ この辺 이 주변　□ 地下鉄 지하철
- 工事 공사　□ 来年 내년　□ 終わる 끝나다　□ 便利 편리　□ 期間 기간
- 大変だ 힘들다　□ 少し 조금　□ 不便 불편　□ 我慢する 참다
- ～しかない ～밖에 없다　□ 仕事 일　□ 話 이야기

시마즈 : 늦어서 죄송합니다. 길이 막혀서.
타카스기 : 아뇨, 저도 이제 막 왔습니다.
시마즈 : 이 주변은 항상 붐비는군요.
타카스기 : 지하철 공사가 있기 때문입니다. 내년에 공사가 끝난다고 합니다.
시마즈 : 그렇습니까? 공사가 끝나면 편리해지고, 길이 막히지도 않겠군요.
타카스기 : 맞아요. 공사기간이 5년이었기 때문에 힘들었습니다.
시마즈 : 조금 불편해도 참을 수밖에 없죠.
타카스기 : 예. 그럼 일 이야기를 합시다.

「ところ」는 다양한 의미가 있습니다. 동사의 접속형태에 따라서 뜻이 달라지니 정확하게 알아두기 바랍니다.

「동사현재형+ところ:~하기 직전, ~할 참」

「동사진행형+ところ:~하고 있는 중」

「동사과거형+ところ:막~함」 입니다. 예문을 통해서 알아보도록 하겠습니다.

「橋を渡るところです:다리를 건널 참입니다」
「橋を渡っているところです:다리를 건너고 있는 중입니다」
「橋を渡ったところです:다리를 막 건넜습니다」 입니다. 접속형태에 따라서 의미가 다르니, 정확한 구분이 필요하겠죠.

unit.7 〜ところです

勉強しましょう！

① 本日、その書類を受け取ったところです。

② 私たちはたった今到着したところです。

③ 今その準備をしているところです。

④ 今は学校の課題をやっているところです。

어휘 표현
- □ 本日 오늘　□ 書類 서류　□ 受け取る 받다　□ たった今 지금　□ 到着 도착
- □ 準備 준비　□ 学校 학교　□ 課題 과제

勉強しましょう！상세설명

① 오늘, 그 서류를 막 받았습니다.

「동사과거형」에 접속된 「ところ」입니다. 「ところ」는 본문강의에서 언급한 것처럼 접속형태에 따라서 의미가 달라지므로 확실히 암기하기 위해서 각각의 문장에 언급된 접속형태에 따라 두 개씩 예문을 들어 더욱 깊게 공부해 보겠습니다.

「ちょうどクッキーが焼けたところだ:지금 막 쿠키가 굽혀졌다」
「今帰って来たところです:지금 막 돌아왔습니다」입니다.

② 우리들은 지금 막 도착했습니다.

「동사과거형」에 접속된 「ところ」입니다. 예문을 보겠습니다.
「今家から出発したところです:지금 집에서 막 출발했습니다」

「レポートが書き終わったところだ:리포트 쓰는 것을 막 끝냈습니다」입니다.

③ 지금 그 준비를 하고 있는 중입니다.

「현재진행형」에 접속된 「ところ」입니다. 예문을 보겠습니다.
「今手伝ってくれる人を集めているところです:지금 도와줄 사람을 모으고 있는 중입니다」
「今掃除しているところだ:지금 청소하고 있는 중이다」입니다.

④ 지금은 학교 과제를 하고 있는 중입니다.

「현재진행형」에 접속된 「ところ」입니다. 예문을 보겠습니다.
「ただいま開店準備をしているところです:지금 개점준비를 하고 있는 중입니다」
「今そちらに向かっているところです:지금 그쪽으로 향하고 있는 중입니다」입니다.

unit. 7 ～ところです

もっと勉強しましょう！

① 入社したばかりなのに、毎日とても忙しいです。
　→ 막 입사했는데, 매일 매우 바쁩니다.

② 日本に来たばかりなので、まだ日本語は全然わかりません。
　→ 막 일본에 왔기에 아직 일본어는 전혀 모릅니다.

③ 転職したばかりなので、まだ仕事の仕方についてわからないことが多い。
　→ 막 전직했기에, 아직 일의 방법에 대해서 모르는 것이 많다.

④ 昨日、教えたばかりなのにもう忘れちゃったの？
　→ 어제, 막 가르쳤는데 벌써 잊었니?

어휘 표현

- □ 入社(にゅうしゃ) 입사　□ 동사과거형+ばかり 막~함　□ 毎日(まいにち) 매일　□ 忙しい(いそがしい) 바쁘다
- □ 全然(ぜんぜん) 전혀　□ 転職(てんしょく) 전직　□ 仕事(しごと) 일　□ 仕方(しかた) 방법　□ 多い(おおい) 많다
- □ 昨日(きのう) 어제　□ 教える(おしえる) 가르치다　□ 忘れる(わすれる) 잊다

 어휘연습

어휘	읽기	의미
遅い		
道が混む		
この辺		
地下鉄		
工事		
我慢する		

 작문연습

1. 길이 막혀서 1시간이나 늦어버렸다.

2. 점심밥은 이제 막 먹었습니다.

3. 에어컨이 고장나서 더워도 참을 수밖에 없습니다.

~ところです

문제풀이

어휘	읽기	의미
遅い	おそい	늦다
道が混む	みちがこむ	길이 막히다
この辺	このへん	이 주변
地下鉄	ちかてつ	지하철
工事	こうじ	공사
我慢する	がまんする	참다

1. 道が混んで1時間も遅れてしまった。

2. 昼ご飯は食べたところです。

3. エアコンが故障して暑くても我慢するしかないです。

MEMO

unit.8 お気持ちだけ

일상회화

島津　：　仕事、お疲れ様でした。そろそろ飲みに行きましょうか。

高杉　：　すみません。明日は朝早いので…。

島津　：　この間もそう言って、帰ったでしょう。今日は付き合ってください よ。

高杉　：　そう言われても…。

島津　：　私がごちそうしますから断らないでください。

高杉　：　お気持ちだけいただきます。また今度。

島津　：　仕方ないですね。今度はぜひ行きましょう。

高杉　：　どうもすみません。

어휘 표현

- 仕事 일　　□ お疲れ様 수고하다　　□ そろそろ 슬슬　　□ 飲む 마시다
- 朝早い 아침 일찍 볼일이 있다　　□ この間 이전　　□ 帰る 돌아가다　　□ 今日 오늘
- 付き合う 사귀다, 어울리다　　□ ごちそうする 한턱내다　　□ 断る 거절하다
- 気持ちだけ 마음만　　□ 今度 다음 번　　□ 仕方ない 어쩔 수 없다
- ぜひ 꼭, 반드시

해 석

시마즈　：일, 수고하셨습니다. 슬슬 한잔 하러 갈까요?
타카스기　：죄송합니다. 내일은 아침 일찍 볼일이 있어서….
시마즈　：이전에도 그렇게 말하고 돌아가셨죠? 오늘은 같이 어울립시다.
타카스기　：그렇게 말씀하셔도….
시마즈　：제가 한턱 낼 테니 거절하지 말아주세요.
타카스기　：마음만 받겠습니다. 또 다음 번에.
시마즈　：어쩔 수 없군요. 다음에는 꼭 갑시다.
타카스기　：대단히 죄송합니다.

핵심내용

「気持ちだけ」는 상대방의 호의에 대해 보답을 할 때, 나의 「마음만, 마음뿐」이라는 의미로 이쪽의 감사를 전달할 때 사용하는 문장인데, 직역을 해도 알 수 있는 표현입니다. 예문을 보도록 하겠습니다.

気持ちだけですが、お受け取りください。
마음뿐입니다만, 받아 주세요.
「気持ちだけの金額を寄付しました。
마음뿐인 금액이지만 기부했습니다.
A: お手伝いしましょうか？ 도와드릴까요?
B: ああ、ありがとう。お気持ちだけいただきます。　아, 감사합니다. 마음만 받겠습니다.
私にとっては困る物す。お気持ちだけで十分です。
저에게 있어서는 곤란한 물건입니다. 마음만으로 충분합니다.

unit. 8 お気持ちだけ

📘 勉強しましょう！

① お気持ちだけありがたくお受けいたします。

② A : お手伝いしましょうか？
　　B : ああ、ありがとう。お気持ちだけいただきます。

③ A : これ、皆さんで食べてください。
　　B : すみませんが、規則ですから、いただけません。お気持ちだけいただきます。

④ お気持ちだけありがたく頂戴します。

어휘 표현
- お+동사ます형+いたす 겸양표현　□ 受ける 받다　□ 手伝う 돕다　□ 皆さん 여러분
- 規則 규칙　□ 頂戴する 「もらう-받다」의 겸양어

🔍 勉強しましょう！ 상세설명

① 마음만 감사히 받겠습니다.

「ありがたく」는 「고맙게」라는 의미입니다. 이처럼 「い형용사어간」에 「く」를 접속하면 「부사적인 의미」가 됩니다. 다양한 단어를 볼까요. 「早く:빨리」 「おいしく:맛있게」 「美しく:아름답게」 「寒く」 등입니다. 문장으로 두 개의 예문을 볼게요.
「今日は仕事が早く終わりました:오늘은 일이 빨리 끝났습니다」
「朝、遅く起きました:아침에 늦게 일어났습니다」 입니다.

② A : 도와드릴까요?

　　B : 아, 감사해요. 마음만 받겠습니다.

「手伝う」는 「돕다」라는 의미인데 「助ける」와 헷갈릴 수가 있습니다. 뉘앙스의 구분

은 아주 쉽습니다. 「手伝う」는 「거들다」 라는 의미이고, 「助ける」는 「위기에서 구해주다」 라는 의미입니다. 예를 들어, 깡패가 나를 때리고 있을 때, 「도와주세요」 라고 표현하려면 뭐라고 할까요? 그렇습니다. 「手伝ってください」 라고 하면 「거들어 주세요」 라는 의미가 되므로 「더 때려라」 라는 뜻이 되니 안 됩니다. 따라서 「위기에서 구해달라」 고 말해야 하므로 「助けてください」 라고 표현하는 것이 맞습니다.

③ A : 이거, 다같이 드세요.
　　B : 죄송합니다만, 규칙이어서 받을 수 없습니다. 마음만 받겠습니다.
「いただく」는 「もらう:받다」의 겸양표현입니다. 내가 다른 사람으로부터 뭔가를 받는 것이기 때문에 나의 동작이죠. 따라서 자신을 낮춘 겸양표현이 되는 것입니다. 예문을 하나 보도록 하겠습니다.
「部長からプレゼントをいただきました:부장님으로부터 선물을 받았습니다」 입니다.

④ 마음만 고맙게 받겠습니다.
「頂戴する」는 「もらう-받다」의 겸양표현으로서 「いただく」 와 같은 의미입니다. 처음 나온 단어이기 때문에 두 개의 예문을 보겠습니다.
「過分なご馳走を頂戴いたしました:과분하게 맛있는 음식을 대접받았습니다」
「少しお時間を頂戴してもよろしいでしょうか:조금 시간을 내 주셔도 괜찮겠습니까?」
입니다.

unit.8 お気持ちだけ

もっと勉強しましょう！

① お詫びの気持ちとして心ばかりですがお受け取りください。
  → 사죄의 마음으로써 마음뿐입니다만, 받아주세요.

② 心ばかりの品物ですが、どうぞお納めください。
  → 마음뿐인 물건이지만, 부디 받아주세요.

③ 心ばかりですが料理をご用意いたしましたので、お召し上がりください。
  → 마음뿐이지만 요리를 준비했으니 드세요.

④ このたびは、おめでとうございます。心ばかりですがお受け取りください。
  → 이번에는 축하드립니다. 마음뿐이지만 받아주세요.

어휘 표현

- ☐ 入社(にゅうしゃ) 입사
- ☐ 동사과거형+ばかり 막~함
- ☐ 毎日(まいにち) 매일
- ☐ 忙しい(いそが) 바쁘다
- ☐ 全然(ぜんぜん) 전혀
- ☐ 転職(てんしょく) 전직
- ☐ 仕事(しごと) 일
- ☐ 仕方(しかた) 방법
- ☐ 多い(おお) 많다
- ☐ 昨日(きのう) 어제
- ☐ 教える(おし) 가르치다
- ☐ 忘れる(わす) 잊다

 어휘연습

어휘	읽기	의미
お疲れ様		
この間		
付き合う		
断る		
仕方ない		
料理		

 작문연습

1. 오후 3시이니 머지않아 아이가 학교에서 돌아올 시간입니다.

2. 오늘은 회사에서 술자리가 있어서 귀가가 늦다.

3. 마음만으로도 충분합니다. 감사합니다.

unit. 8 お気持ちだけ

문제풀이

어휘	읽기	의미
お疲れ様	おつかれさま	수고하다
この間	このあいだ	이전
付き合う	つきあう	사귀다, 어울리다
断る	ことわる	거절하다
仕方ない	しかたない	어쩔 수 없다
料理	りょうり	요리

1. 午後3時なのでそろそろ子供が学校から帰ってくる時間です。

2. 今日は会社で飲み会があるから帰りが遅い。

3. お気持ちだけで十分です。ありがとうございます。

알아두기

宮崎 애니메이션 스튜디오 지브리 영화 관객동원 수 Best 5

1위 센과 치히로의 행방불명
千と千尋の神隠し 2001年, 2350만 명

2위 하울의 움직이는 성
ハウルの動く城 2005年, 1500만 명

3위 원령공주
もののけ姫 1997年, 1420만 명

4위 벼랑위의 포뇨
崖の上のポニョ 2008年, 1200만 명

5위 바람이분다
風立ちぬ 2013年, 970만 명

 통계 : 2020년까지

unit.9 そんなことありません

일상회화

島津 ： 高杉さんは英語がお上手ですね。

高杉 ： いいえ、そんなことありません。

島津 ： とても発音がきれいで、まるでアメリカ人のようです。英語はどこで覚えましたか。

高杉 ： 子供の時、父の仕事で５年間アメリカにいたことがあります。

島津 ： なるほど。でも、子供の時に習ったとしてもなかなかうまいですよ。

高杉 ： 大学もアメリカで通ったんです。

島津 ： そうですか。やっぱり英語が上手なわけがありますね。

高杉 ： 島津さんはコンピューターが上手なのに私はまったくだめなんです。

어휘 표현

- □ 英語 영어　□ 上手だ 능숙하다　□ 発音 발음　□ きれいだ 깨끗하다
- □ まるで 마치　□ 覚える 기억하다, 배우다　□ 子供の時 어릴 때
- □ 父 아버지　□ 仕事 일　□ ～年間 ～년 간　□ なるほど 과연
- □ 習う 배우다　□ なかなか 상당히　□ うまい 잘하다　□ 大学 대학
- □ 通う 다니다　□ やっぱり 역시　□ わけ 이유　□ まったく 전혀

시마즈　: 타카스기 씨는 영어를 잘하시는군요.
타카스기 : 아뇨, 그렇지 않습니다.
시마즈　: 매우 발음이 깨끗해서, 마치 미국인 같습니다. 영어는 어디서 익혔습니까?
타카스기 : 어릴 때, 아버지의 일로 5년 간 미국에 있었던 적이 있습니다.
시마즈　: 과연. 하지만 어릴 때 배운 것 치고도 상당히 잘하는군요.
타카스기 : 대학도 미국에서 다녔습니다.
시마즈　: 그렇습니까? 역시 영어를 잘하는 이유가 있군요.
타카스기 : 시마즈 씨는 컴퓨터를 잘하는데 저는 전혀 못합니다.

「そんなことありません」은 「칭찬에 대한 대답」으로 「그렇지 않습니다」라는 의미입니다. 다른 말로 「それほどでもありません」이 있습니다. 그리고 「どういたしまして:천만에요」는 「고맙다, 미안하다」에 대한 대답이므로 칭찬에 대한 대답으로는 사용할 수 없습니다. 따라서 「ありがとうございます」 「申し訳ございません」에 대답은 「どういたしまして:천만에요」이지만, 칭찬에 대한 대답은 「そんなことありません」 「それほどでもありません」을 사용해야 한다는 것을 기억해 주세요.

A : 日本語がお上手ですね。일본어를 잘 하시는 군요.
B : いいえ、そんなことありません。아뇨, 그렇지 않습니다.
A : 今回のプレゼンテーション、うまくできたね。이번 프레젠테이션, 멋지게 했어.
B : そんなことありません。ありがとうございます。그렇지 않습니다. 감사합니다.
A : 私のコンピュータを修理してくれてありがとう。저의 컴퓨터를 수리해 주어 고마워.
B : どういたしまして。천만에요.
A : 手伝ってくれてありがとう。도와주어서 고마워.
B : いいえ、どういたしまして。아뇨, 천만에요.

unit.9 そんなことありません

勉強しましょう！

① そんなことありません。まったく違います。

② A：おじゃまでしょうか。
　　B：いいえ、ちっともそんなことありません。

③ A：日本語がとてもお上手ですね。
　　B：いいえ、そんなことありません。

④ A：日本語がとてもお上手ですね。
　　B：いいえ、そんなことありません。

어휘 표현
- □ まったく 전혀　□ 違う 다르다　□ じゃま 방해　□ ちっとも 전혀
- □ 上手だ 능숙하다　□ 料理 요리

勉強しましょう！상세설명

① 그렇지 않습니다. 전혀 다릅니다.

「違う」는 「다르다」는 의미이지만, 「間違う」는 「틀리다」는 의미입니다. 예문을 통해서 그 사용방법을 알아보겠습니다.

「彼の話は全然違います：그의 이야기는 전혀 다릅니다」

「その情報は間違っています：그 정보는 틀렸습니다」 입니다.

② A：실례일까요?

　　B：아뇨, 전혀 그렇지 않습니다.

「そんなことありません」이 「칭찬에 대한 대답」으로, 「그렇지 않습니다」라는 의미라고 말씀드렸습니다. 그리고 문장 그대로 해석을 하여 답을 해도 되는 경우도 있습니다. A가 방

해가 될까요? 라고 물었지만 「그렇지 않다」고 대답을 하였으므로 「そんなことありません」이라는 표현을 사용했습니다. 그리고 「ちっとも」는 「전혀」라는 의미를 가지고 있는데 「まったく」「全然(ぜんぜん)」 과 같은 의미입니다. 예문을 하나만 보겠습니다.

「日本語はちっとも難(むずか)しくないです:일본어는 전혀 어렵지 않습니다」 입니다.

③ A : 일본어를 상당히 잘하시는 군요.

　 B : 아뇨, 그렇지 않습니다.

칭찬에 대한 대답으로 사용된 표현입니다. 그리고 누군가가 「외국어를 잘 하시는군요」라고 말하면, 「いいえ、片言(かたこと)の日本語を話すだけです」라고 대답해도 되는데, 「아뇨, 어설프게 일본어를 몇 마디 말할 뿐입니다」라는 의미입니다. 상대방에게 겸손하게 들려서 좋은 대답이 될 수 있습니다. 「片言」 는 「외국인이 말하는 서툰 말씨」라는 의미입니다.

④ A : 요리가 상당히 맛있군요.

　 B : 아뇨, 그렇지 않습니다.

역시 칭찬에 대한 대답으로 사용된 표현입니다. 그리고 「うまくいく」 는 「잘 되다, 잘 나가다」 라는의미이고, 「うまくいかない」 는 「잘 안 되다, 잘 못 나가다」 라는 의미인데, 한 개의 예문을 보도록 하겠습니다.

「最近(さいきん)、仕事(しごと)がうまくいっています:요즘, 일이 잘 되고 있습니다」 입니다.

そんなことありません

もっと勉強しましょう！

① 辛そうに見えますが、それほどでもありません。
→ 매운 듯이 보이지만, 그 정도는 아닙니다.

② A : 英語がとても上手ですね。
　　B : それほどでもありません。
→ A : 영어가 상당히 능숙하군요.
　　B : 그 정도는 아닙니다.

③ A : 歌がとてもうまいですね。
　　B : いいえ、それほどでもありません。
→ A : 노래를 매우 잘하는군요.
　　B : 아뇨, 그 정도는 아닙니다.

④ それほどでもないですが、少しはできます。
→ 그 정도는 아닙니다만, 조금은 할 수 있습니다.

어휘 표현

- 辛(から)い 맵다
- 見(み)える 보이다
- それほどでもない 그 정도는 아니다
- 英語(えいご) 영어
- 上手(じょうず)だ 능숙하다
- 歌(うた) 노래
- 少(すこ)し 조금

어휘연습

어휘	읽기	의미
覚える		
習う		
大学		
通う		
今回		
辛い		

작문연습

1. 스기모토 씨는 수영을 매우 잘 해서 마치 선수 같다.

2. 그는 일본에 1년간 살았다고 해도 한자를 잘 안다.

3. 역시 테니스를 잘하는 이유가 있었군요.

unit. 9 そんなことありません

 문제풀이

어휘	읽기	의미
覚える	おぼえる	기억하다
習う	ならう	배우다
大学	だいがく	대학
通う	かよう	다니다
今回	こんかい	이번
辛い	からい	맵다

1. 杉本さんは水泳がとても上手でまるで選手のようだ。

2. 彼は日本に１年間住んだとしても漢字をよく知っている。

3. やっぱりテニスが上手なわけがありましたね。

MEMO

unit. 10 お世話になる

일상회화

島津 ： もしもし、私は島津と申しますが、伊藤課長はいらっしゃいますでしょうか。

高杉 ： いつもお世話になっております。伊藤はただいま他の電話に出ております。

島津 ： そうですか。実は、明日の午後、そちらに伺うつもりだったんですが、あさってにしていただけないかとお電話をしました。

高杉 ： そうですか。伊藤の電話が終わり次第、折り返しお電話させます。

島津 ： いいえ、こちらから1時間後にかけ直します。

高杉 ： すみません。お名前をもう一度お伺いします。

島津 ： サクラ銀行の島津です。

高杉 ： サクラ銀行の島津さんですね。それでは失礼いたします。

어휘 표현

- 課長 과장
- お世話になる 신세를 지다
- ただいま 지금
- 他 다른
- 電話に出る 전화를 받다
- 実は 실은
- 午後 오후
- 伺う 「聞く-묻다/訪ねる-방문하다」의 겸양어
- あさって 모레
- 終わる 끝나다
- 동사ます형+次第 ~하는 대로
- 折り返し 즉시, 바로
- かけ直す 새로 걸다
- お名前 성함
- 銀行 은행
- 失礼 실례

시마즈 　 : 여보세요, 저는 시마즈라고 합니다만, 이토 과장님은 계십니까?
타카스기 : 항상 신세를 지고 있습니다. 이토는 지금 다른 전화를 받고 있습니다.
시마즈 　 : 그렇습니까? 실은 내일 오후 그쪽으로 찾아 뵐 생각이었습니다만, 모레로 해 주실 수 없는지 해서 전화를 했습니다.
타카스기 : 그렇습니까? 과장님의 전화가 끝나는 대로 즉시 전화하도록 하겠습니다.
시마즈 　 : 아뇨, 제가 1시간 후에 새로 걸겠습니다.
타카스기 : 죄송합니다. 성함을 한번 더 여쭙겠습니다.
시마즈 　 : 사쿠라은행의 시마즈입니다.
타카스기 : 사쿠라은행의 시마즈 씨이군요. 그럼 실례하겠습니다.

「お世話になる」는 「신세를 지다」는 의미로 일상회화나 비즈니스 회화에서 자주 사용하는 표현이니 반드시 알아둡시다. 그리고 기초 15과에서 배웠듯이 「世話をする」는 「시중을 들다, 보살피다」는 의미입니다.

在職中はお世話になりまして、ありがとうございました。
재직 중에는 신세를 져서 감사했습니다.
今年一年本当にお世話になりました。
올해 1년 정말로 신세를 졌습니다.
お世話になりますが、どうぞよろしくお願いいたします。
신세를 지겠습니다만, 잘 부탁드립니다.
いろいろ教えていただいて助かりました。お世話になりました。
여러 가지 가르쳐 주셔서 도움이 되었습니다. 신세를 졌습니다.

unit.10 お世話になる

勉強しましょう！

① このたびは、息子のことで大変お世話になりました。

② この間の旅行では本当にお世話になりました。

③ いつもお世話になっております。

④ これはいつもあなたのお世話になっているお礼です。

어휘 표현
- □ このたび 이번　□ 息子(むすこ) 아들　□ 大変(たいへん) 매우　□ この間(あいだ) 요전, 이전　□ 旅行(りょこう) 여행
- □ 本当(ほんとう)に 정말로　□ お礼(れい) 답례, 인사

勉強しましょう！상세설명

① 이번에는 아들의 일로 매우 신세를 졌습니다.

「このたび」은「이번」이라는 의미입니다. 비즈니스 회화에서 자주 사용하는 표현이니 반드시 암기해 두세요. 다양한 예문을 통해서 비즈니스 문장을 알아봅시다.

「このたびはご応募(おうぼ)くださいまして、まことにありがとうございました:이번에는 응모해 주셔서 진심으로 감사했습니다」

「このたびはご多忙中(たぼうちゅう)にご面会(めんかい)くださり、まことにありがとうございました:이번에는 바쁘신 중에 뵙게 해 주셔서, 진심으로 감사했습니다」

「このたび新(あたら)しく発売(はつばい)されました商品(しょうひん)についてのカタログを添付(てんぷ)いたします:이번에 새롭게 발매된 상품에 관한 카탈로그를 첨부하겠습니다」입니다.

② 이전의 여행에서는 정말로 신세를 졌습니다.

「この間」는「이전, 요전」이라는 의미입니다. 그리고「여행을 가다」는 표현은「旅行に行く」「旅行する」라고 합니다. 예문을 보도록 하겠습니다.

「この間、日本へ行ってきました:요전에 일본에 갔다 왔습니다」
「夏休みに旅行に行きたいです:여름방학에 여행가고 싶습니다」
「外国を旅行する時はパスポートが要ります:외국을 여행할 때는 여권이 필요합니다」
입니다.

③ 항상 신세를 지고 있습니다.

「いつでも」와「いつも」의 차이점에 대해서는 기초 2과에서 충분히 공부를 하였습니다.「いつでも」는「지금부터 미래」이지만, 「いつも」는「과거부터 현재」입니다.

④ 이것은 평소에 당신에게 신세를 졌던 답례입니다.

「お礼」는「사례, 사례의 말, 사례의 선물」을 의미합니다. 두 개의 예문을 보도록 하겠습니다.

「手伝いのお礼にごちそうします:도움의 사례로 식사를 대접하겠습니다」
「ほんのお礼の気持ちですので、お受け取りください:작은 사례의 마음이니 받아주세요」입니다.

unit. 10 お世話になる

もっと勉強しましょう！

① お手数をおかけしますが、先日の件についてご確認のほどよろしくお願いいたします。
　→ 수고를 끼칩니다만, 전날의 건에 대해서 확인해 주실 것을 부탁합니다.

② お手数をおかけして申し訳ないです。
　→ 수고를 끼쳐서 죄송합니다.

③ お手数をおかけしますが、ご返事いただければ幸いです。
　→ 수고를 끼칩니다만, 답변을 주시면 감사하겠습니다.

④ お手数をおかけしますが、書類をご返送いただけませんでしょうか。
　→ 수고를 끼칩니다만, 서류를 반송해 주실 수 없겠습니까?

어휘 표현

□ 手数をかける 수고를 끼치다　□ 先日 전날　□ 件 건　□ 確認 확인
□ 申し訳ない 죄송하다　□ 返事 답변　□ 幸い 다행　□ 書類 서류
□ 返送 반송

개그맨 김영민과 함께 하는 バリバリ 비지니스 일본어

 어휘연습

어휘	읽기	의미
折り返し		
かけ直す		
手数をかける		
返送		
多忙中		
発売		

 작문연습

1. 스기모토 씨에게는 항상 신세를 졌습니다. 앞으로도 잘 부탁합니다.

2. 오후에 귀사에 찾아 뵈어도 괜찮겠습니까?

3. 이 일이 끝나는 대로 다음 프로젝트에 들어가겠습니다.

unit. 10 お世話になる

문제풀이

어휘	읽기	의미
折り返し	おりかえし	즉시, 바로
かけ直す	かけなおす	새로 걸다
手数をかける	てすうをかける	수고를 끼치다
返送	へんそう	반송
多忙中	たぼうちゅう	바쁘신 중
発売	はつばい	발매

1. 杉本さんにはいつもお世話になりました。これからもよろしくお願いします。

2. 午後、貴社にお伺いしてもよろしいでしょうか。

3. この仕事が終わり次第、次のプロジェクトに入ります。

알아두기

주간 소년 점프 연재 애니메이션
만화 누계 발행부수 Best 5

1위 원피스
ワンピース 4억 6000만 부

2위 드래곤볼
ドラゴンボール 2억 5000만 부

2위 나루토
NARUTO (ナルト) 1억 5000만 부

3위 여기는 잘 나가는 파출소
こちら葛飾区亀有公園前派出所 1억 5000만 부

5위 슬램덩크·블리치
スラムダンク・ブリーチ 1억 2000만 부

 통계 : 2020년까지

unit. 11 このへんで

일상회화

島津 : 高杉君、書類の整理は終わりましたか。

高杉 : まだです。先月分の書類を日付ごとにまとめています。

島津 : それは大変ですね。手伝いましょうか。

高杉 : いいです。気持ちだけいただきます。

島津 : 今日、仕事が終わってから飲み会があるんです。

高杉 : 飲み会が今日でしたか。うっかりしました。

島津 : 先に行きますからあとで来てください。

高杉 : 島津さん、一緒に行きましょう。書類の整理はこのへんであがりますから。

어휘 표현

- 書類 서류
- 整理 정리
- 終わる 끝나다
- 先月分 지난달 분
- 日付 날짜
- ～ごとに ～마다
- まとめる 정리하다
- 大変だ 힘들다
- 手伝う 돕다
- 気持ち 마음, 기분
- 仕事 일
- ～てから ～하고 나서
- 飲み会 술자리, 회식
- うっかり 깜빡
- 先に 먼저
- 一緒に 함께
- このへんで 이쯤에서, 이것으로
- あがる 마치다, 끝내다

시마즈 : 타카스기 군, 서류의 정리는 끝났습니까?
타카스기 : 아직입니다. 지난 달 분의 서류를 날짜별로 정리하고 있습니다.
시마즈 : 그건 힘들겠군요. 도와드릴까요?
타카스기 : 괜찮습니다. 마음만 받겠습니다.
시마즈 : 오늘 일이 끝나고 나서 회식이 있습니다.
타카스기 : 회식이 오늘이었습니까? 깜박했습니다.
시마즈 : 먼저 갈 테니 나중에 와 주세요.
타카스기 : 시마즈 씨, 같이 가요. 서류의 정리를 이쯤에서 끝낼 테니.

「このへん」은 「이쯤, 이 부근」이라는 뜻입니다. 그리고 「このへんに」라고 하면 「이 부근에, 이 근처에」라는 의미를 가지고 있고, 「このへんで」라고 하면 「이쯤에서, 이 부근에서」라는 의미가 됩니다. 그럼 예문을 알아봅시다.

このへんでやめておきましょう。
이쯤에서 그만둡시다.
このへんでワインを楽しむならここです。
이 부근에서 와인을 즐긴다면 이곳입니다.
昔はこのへんに海があったそうです。
옛날에는 이 부근에 바다가 있었다고 합니다.
このへんにうまいラーメン屋はありますか。
이 부근에 맛있는 라면가게는 있습니까?

unit. 11 このへんで

勉強しましょう！

① このへんで自己紹介を終わります。

② それでは、今日はこのへんで失礼します。

③ このへんでやめて、つづきは明日やりましょう。

④ 夜も遅くなったことだし、このへんでおひらきにしよう。

어휘 표현
- □ 自己紹介 자기소개   □ 終わる 끝내다   □ 今日 오늘   □ 失礼 실례
- □ やめる 그만두다   □ つづき 계속   □ 明日 내일   □ 夜 밤   □ 遅い 늦다
- □ ひらく 마치다, 끝내다

勉強しましょう！상세설명

① 이것으로 자기소개를 마치겠습니다.

이 문장에서는 그렇게 어려운 표현이 없으니, 단어 공부를 하도록 하겠습니다. 한국어의 「자신감」이라는 단어는 일본어로 「自信」이라고 합니다. 즉, 「자신감」의 「감」이라는 한자를 넣어서 발음하면 틀린 표현이 됩니다. 그리고 「自己満足:자기만족」이라는 단어도 알아둡시다.

② 그럼, 오늘은 이쯤에서 실례하겠습니다.

「それでは」는 「では」라고 줄여서 말할 수 있습니다. 그리고 「それでも」는 「그래도」라는 의미인데, 두 개의 예문을 보도록 하겠습니다.

「失敗の可能性は大きい。それでもやめるわけにはいかない:실패의 가능성은 크다. 그래도 그만둘 수는 없다」

「それでも世界は美しい:그래도 세계는 아름답다」입니다.

③ 이쯤에서 그만두고, 이어서(그 다음은) 내일 합시다.

「やめる」는 한자에 따라서 의미가 달라집니다. 「止める」라고 「그칠 지」라는 한자를 쓰면 「행동이나 동작을 그만두다」라는 의미이지만, 「辞める」라는 「말씀 사」라는 한자를 쓰면 「회사를 그만두다」라는 의미가 됩니다. 예문을 보도록 하겠습니다.

「そのような行動は止めなさい:그러한 행동은 그만두어라!」
「会社を辞めて今は何もしていません:회사를 그만두고 지금은 아무 것도 하지 않습니다」입니다.

④ 밤도 늦었고, 이쯤에서 끝내자.

「ひらく」는 일반적으로 「열다」라는 의미로 알고 있는 학습자들이 많습니다. 하지만 「마치다, 끝내다」라는 의미도 있다는 것을 알아두어야 합니다. 예문을 볼까요.

「午前1時すぎになって、会議はやっとおひらきになりました:오전 1시가 지나 회의는 겨우 끝났습니다」입니다.

unit. 11 このへんで

もっと勉強しましょう！

① <u>先約</u>があるので、申し訳ございません。
　→ 선약이 있어서 죄송합니다.

② <u>先約</u>があるためその日は都合がつきません。
　→ 선약이 있으니 그 날은 시간이 안 됩니다.

③ せっかくのお誘いですが、<u>先約</u>があるため参加できません。
　→ 모처럼의 권유입니다만, 선약이 있어서 참가할 수 없습니다.

④ <u>先約</u>のため、他の日にしていただけませんか。
　→ 선약 때문에 다른 날로 해 주실 수 없습니까?

어휘 표현

- 先約(せんやく) 선약
- 申(もう)し訳(わけ)ない 죄송하다
- 日(ひ) 날
- 都合(つごう)がつかない 시간이 안 되다
- せっかく 모처럼
- お誘(さそ)い 권유
- 参加(さんか) 참가
- 他(ほか) 다른

어휘	읽기	의미
整理		
先月分		
日付		
世界		
行動		
お誘い		

1. 날짜별로 서류를 정리하면 보기 편합니다.

2. 과제를 마치고 나서 친구를 만나러 갑니다.

3. 오늘 중요한 회의가 있다는 것을 깜박했습니다.

unit.11 このへんで

문제풀이

어휘	읽기	의미
整理	せいり	정리
先月分	せんげつぶん	지난달 분
日付	ひづけ	날짜
世界	せかい	세계
行動	こうどう	행동
お誘い	おさそい	권유

1. 日付ごとに書類をまとめると見やすいです。

2. 課題を終わってから友だちに会いに行きます。

3. 今日大事な会議があるのをうっかりしました。

MEMO

unit. 12　よろこんで

일상회화

島津　：　高杉君、ちょっと相談があるんだけど。

高杉　：　はい、何でしょうか。

島津　：　昨日、課長に頼まれた仕事なんだけど、なかなか進まなくてね。

高杉　：　あ、昨日の会議で出たプロジェクトの件ですね。

島津　：　そうそう。いくら調べても分からなくて困っているんだ。

高杉　：　それなら私に任せてください。ずっと前からそのプロジェクトに興味があったんです。それに島津さんにはいつもお世話になっていますし。

島津　：　それはよかった。ありがとう。頼むよ。

高杉　：　よろこんでやらせていただきます。

어휘 표현

- 相談 상담
- 昨日 어제
- 課長 과장
- 頼む 부탁하다
- 仕事 일
- なかなか 좀처럼
- 進む 진행되다
- 会議 회의
- 出る 나오다
- 件 건
- いくら〜ても 아무리〜해도
- 調べる 조사하다
- 困る 곤란하다
- 任せる 맡기다
- ずっと 훨씬
- 興味 흥미
- お世話になる 신세를 지다
- よろこんで 기꺼이, 기쁜 마음으로
- 동사사역형+〜ていただく 겸양표현(〜하겠다)

시마즈 : 타카스기 군, 잠시 상담이 있는데.
타카스기 : 예, 무엇입니까?
시마즈 : 어제 과장님에게 부탁받았던 일인데, 좀처럼 진행되지 않아서 말이야.
타카스기 : 아, 어제 회의에서 나온 프로젝트 건이군요.
시마즈 : 맞아. 아무리 살펴보아도 몰라서 난처해.
타카스기 : 그거라면 저에게 맡겨 주세요. 훨씬 전부터 그 프로젝트에 흥미가 있었습니다. 게다가 시마즈 씨에게는 항상 신세를 지고 있고 말이죠.
시마즈 : 그건 다행이군. 고마워. 부탁할게.
타카스기 : 기꺼이 하겠습니다.

「よろこんで」는 상대방의 제안이나 말에 대해서 「기꺼이 수락하겠다」 「자진해서 기꺼이」 「기분 좋게」 라는 의미를 가지고 있습니다다. 예문을 보도록 하겠습니다.

A : 冬休みにスキーに行きましょうか。 겨울 휴가에 스키 타러 갈까요?
B : よろこんで。 기꺼이.
A : 今度のプロジェクトに参加しますか。 이번 프로젝트에 참가하겠습니까?
B : よろこんでご一緒します。 기꺼이 함께 하겠습니다.

よろこんでお受けいたします。

기꺼이 받겠습니다.

よろこんで参加いたします。

기꺼이 참가하겠습니다.

unit. 12 よろこんで

勉強しましょう！

① いつでも よろこんで お伴しましょう。

② よろこんで 見積もりを提出します。

③ A：散歩しませんか。
　 B：いいですね、よろこんで。

④ よろこんで お招きに応じます。

어휘 표현
- □ お伴 함께　□ 見積もり 견적　□ 提出 제출　□ 散歩 산책　□ 招く 초대하다
- □ 応じる 응하다

勉強しましょう！상세설명

① 언제든지 기쁜 마음으로 함께 하겠습니다.

「お伴」는 「함께」라는 의미입니다. 따라서 「お伴しましょう」는 「ご一緒しましょう」와 같은 의미입니다. 한 개의 예문을 보도록 하겠습니다.

「そこまで私もお伴します：거기까지 저도 함께 하겠습니다」입니다.

② 기쁜 마음으로 견적을 제출하겠습니다.

「見積もり」는 「견적」이고, 「見積書」는 「견적서」입니다. 그리고 「提案:제안」이라는 단어도 알아두세요.

③ A : 산책하지 않겠습니까?

　　B : 좋아요, 기꺼이.

「산책을 하자」는 상대방의 제안에 대해서 「기꺼이 그러하겠다」는 승낙의 의미를 나타내는 문장입니다.

④ 기꺼이 초대에 응하겠습니다.

「招<ruby>く<rt>まね</rt></ruby>」는 「초대하다, 초래하다」는 의미를 가지고 있습니다. 우선 이 단어를 사용한 예문을 볼게요.

「<ruby>友<rt>とも</rt></ruby>だちを<ruby>誕生日<rt>たんじょうび</rt></ruby>のパーティーに招いた:친구를 생일 파티에 초대했다」

그리고 「<ruby>応<rt>おう</rt></ruby>じる」는 「응하다」는 의미이고, 「～に応じて」는 「～에 부응해서, ～에 따라서」 라는 뜻입니다. 두 개의 예문을 보도록 하겠습니다.

「このポイントカードは、たまったポイントに応じて、<ruby>色々<rt>いろいろ</rt></ruby>なプレゼントがもらえる:이 포인트 카드는 쌓인 포인트에 따라서, 여러 가지 선물을 받을 수 있다」

「<ruby>お客様<rt>きゃくさま</rt></ruby>の<ruby>要望<rt>ようぼう</rt></ruby>に応じて<ruby>値段<rt>ねだん</rt></ruby>を<ruby>下<rt>さ</rt></ruby>げました:손님의 요망에 부응해서 가격을 내렸습니다」 입니다.

unit. 12 よろこんで

もっと勉強しましょう！

① 先生の頼みだから断れなかった。
　→ 선생님의 부탁이어서 거절할 수 없었다.

② ほかならない君の頼みだから聞いてあげるよ。
　→ 다른 아닌 자네의 부탁이니 들어 줄게.

③ 友人の頼みだからこの人を使ってみたのだ。
　→ 친구의 부탁이어서 이 사람을 사용해 보았던 것이다.

④ 部長の頼みだから行かないわけにはいかない。
　→ 부장님의 부탁이어서 안 갈 수는 없다.

어휘 표현

- □ 先生 선생님　□ 頼み 부탁　□ 断る 거절하다　□ ほかならない 다른 아닌
- □ 君 자네, 너　□ 友人 친구　□ 使う 사용하다　□ 部長 부장
- □ ～わけにはいかない ～수는 없다

어휘연습

어휘	읽기	의미
頼む		
進む		
興味		
値段		
要望		
友人		

작문연습

1. 어젯밤부터 고민을 했지만 좀처럼 진행되지 않습니다.

2. 저에게 맡겨 주신다면, 반드시 완성시키겠습니다.

3. 기꺼이 찾아 뵙겠습니다.

unit. 12 よろこんで

 문제풀이

어휘	읽기	의미
頼む	たのむ	부탁하다
進む	すすむ	진행되다
興味	きょうみ	흥미
値段	ねだん	가격
要望	ようぼう	요망
友人	ゆうじん	친구

1. 夕べから悩んでいましたが、なかなか進まないんです。

2. 私に任せてくださると、必ず完成させます。

3. よろこんでお伺いします。

CD싱글의 역대 판매 수 Best 5

알아두기

1위 TSUNAMI
サザンオールスターズ (2000年)

2위 だんご３兄弟
　　　きょうだい
速水けんたろう・茂森あゆみ (1999年)

3위 君がいるだけで
　　　きみ
米米CLUB (1992年)

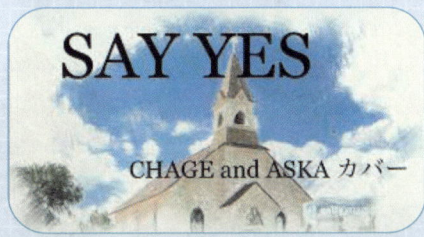

4위 SAY YES
CHAGE&ASKA (1991年)

5위 Tomorrow never knows
Mr.Children (1994年)

 싱글레코드를 합치면 1위는 「およげ！たいやきくん」인데 1975년 후지 텔레비전의 어린이 프로그램의 주제곡이다.

unit. 13 弊社

일상회화

島津 ： 弊社とお取引いただいてありがとうございます。

高杉 ： いいえ、当社こそ安心しています。大手企業と取引するなんて、まるで夢のようです。

島津 ： 中小企業でも大企業なみの実力を持っているところはいくらでもあります。

高杉 ： いろいろ大変なことがありましたけど頑張ってきたかいがありました。

島津 ： 貴社のような立派な会社はめったにないと思いますよ。

高杉 ： そんなことありません。これからも頑張ります。

島津 ： よろしくお願いいたします。

高杉 ： こちらこそよろしくお願いいたします。

어휘 표현

- 弊社(へいしゃ) 저희 회사
- 取引(とりひき) 거래
- 当社(とうしゃ) 당사
- ～こそ ～이야 말로
- 安心(あんしん) 안심
- 大手企業(おおてきぎょう) 대기업
- ～なんて ～하다니
- まるで 마치
- 夢(ゆめ) 꿈
- 中小(ちゅうしょう) 중소
- 大企業(だいきぎょう) 대기업
- ～なみ ～와 견줄 만함
- 実力(じつりょく) 실력
- 持(も)つ 들다, 가지다
- いくらでも 얼마든지
- 大変(たいへん)だ 힘들다
- 頑張(がんば)る 열심히 하다
- かい 보람
- 貴社(きしゃ) 귀사
- 立派(りっぱ)だ 훌륭하다
- 会社(かいしゃ) 회사
- めったに 좀처럼

시마즈　　: 저희 회사와 거래해 주셔서 감사합니다.
타카스기　: 아뇨, 당사야 말로 안심하고 있습니다. 대기업과 거래하다니, 마치 꿈만 같습니다.
시마즈　　: 중소기업이라도 대기업과 견줄 만한 실력을 갖고 있는 곳은 얼마든지 있습니다.
타카스기　: 여러 가지 힘든 일이 있었지만, 열심히 해 왔던 보람이 있었습니다.
시마즈　　: 귀사와 같은 훌륭한 회사는 좀처럼 없다고 생각합니다.
타카스기　: 그렇지 않습니다. 앞으로도 열심히 하겠습니다.
시마즈　　: 잘 부탁합니다.
타카스기　: 이쪽이야 말로 잘 부탁합니다.

「弊社」는 자기 회사를 낮추어 말한 겸양표현입니다. 그럼 여기서 「当社・弊社」「貴社・御社」에 대해서 정확하게 구분해 봅시다.

「当社」는 의미로는 「弊社」와 같은 의미이지만, 「当社」는 정중한 표현으로서 상대방의 회사와 동등한 입장, 혹은 위의 위치일 때 사용하는 표현이고, 「弊社」는 방금 설명한 것처럼 자기 회사를 낮추어 말한 겸양표현입니다.

「貴社」와 「御社」는 상대방의 회사에 경의를 가지고 표현하는 말입니다. 차이점은, 「貴社」는 문서 등에서 사용하는 문어체이고, 「御社」는 구어체입니다. 이 네 단어의 정확한 차이점을 알고 사용하는 것이 무엇보다 중요합니다.

次回は弊社新入社員をご紹介させていただきます。
다음번에는 저희 회사 신입사원을 소개하겠습니다.
当社といたしましては、これ以上の譲歩は致しかねます。
당사로서는, 이 이상의 양보는 하기 어렵습니다.
1月17日午後5時に貴社に伺いますので、よろしくお願いします。
1월17일 오후 5시에 귀사에 찾아 뵐 테니 잘 부탁합니다.
御社の企画案には感心しました。
귀사의 기획안에는 감동했습니다.

unit. 13 弊社

勉強しましょう！

① 弊社はその製品をあまり生産してません。

② 弊社の顧客の８０％は３０歳以下の人です。

③ 弊社は、既に製品を発送しております。

④ おかげさまで。弊社も今年１０周年を迎えます。

어휘 표현
- □ 製品 제품　□ あまり 그다지, 별로　□ 生産 생산　□ 顧客 고객　□ 以下 이하
- □ 既に 이미　□ 発送 발송　□ 今年 올해　□ 周年 주년　□ 迎える 맞이하다

勉強しましょう！ 상세설명

① 저희 회사는 그 제품을 그다지 생산하지 않습니다.

「あまり」는 「그다지, 별로」라는 의미이고, 「あまりにも」는 「정도가 심함을 나타내는 단어」로서 「너무」라는 의미입니다. 두 개의 예문을 보도록 하겠습니다.

「今日はあまり寒くないです:오늘은 별로 춥지 않습니다」

「大統領の発言はあまりにもひどくて腹が立った:대통령의 발언은 너무 심해서 화가 났다」 입니다.

② 저희 회사 고객의 80%는 30세 이하의 사람입니다.

「以下」는 「이하」라는 의미이고 「以上」는 「이상」이라는 의미입니다. 두 개의 예문을 보도록 하겠습니다.

「４０歳以上の方は応募できません:40세 이상인 분은 응모할 수 없습니다」

「以下の通りにご説明します:이하 대로 설명하겠습니다」 입니다.

③ 저희 회사, 이미 제품을 발송했습니다.

「既に」는 「이미, 벌써」라는 의미로 「もう・もはや」와 같은 의미입니다. 두 개의 예문을 보도록 하겠습니다.

「既に授業は終わった:이미 수업은 끝났다」

「試合は既に始まった:시합은 이미 시작되었다」 입니다.

④ 덕분에, 저희 회사도 올해 10주년을 맞이합니다.

「おかげさまで」는 단독으로 사용하며, 「おかげで」는 다른 문장과 합쳐서 사용할 수 있습니다. 「덕분에」라는 의미로서, 「せいで」는 「탓으로」라는 의미입니다. 그럼 제 각각의 예문을 두 개씩 보도록 하겠습니다.

「先生のおかげで試験に合格しました:선생님 덕분에 시험에 합격했습니다」

「監督のおかげで試合に勝った:감독님 덕분에 시합에 이겼다」

「あなたのせいで上司に叱られた:당신 탓으로 상사에게 혼났다」

「故障した時計のせいで遅刻してしまった:고장 난 시계 탓에 지각해 버렸다」 입니다.

unit. 13 弊社

もっと勉強しましょう！

① 当社の社名が変わりました。
　→ 당사의 사명이 바뀌었습니다.

② その原因は当社にあります。
　→ 그 원인은 당사에 있습니다.

③ 当社は人材紹介会社である。
　→ 당사는 인재소개회사이다.

④ 当社が世界初の開発に成功した。
　→ 당사가 세계 최초로 개발에 성공했다.

어휘 표현

- 当社(とうしゃ) 당사
- 社名(しゃめい) 사명
- 変わる(か) 바뀌다
- 原因(げんいん) 원인
- 人材(じんざい) 인재
- 紹介(しょうかい) 소개
- 会社(かいしゃ) 회사
- 世界初(せかいはつ) 세계 최초
- 開発(かいはつ) 개발
- 成功(せいこう) 성공

 어휘연습

어휘	읽기	의미
弊社		
当社		
安心		
大手企業		
中小		
貴社		

 작문연습

1. 이것이 이번에 저희 회사에서 개발한 제품입니다.

2. 일본의 기업과 무역을 하다니, 마치 꿈인 것 같습니다.

3. 친구는 선수급의 테니스실력을 가지고 있다.

unit. 13 弊社

문제풀이

어휘	읽기	의미
弊社	へいしゃ	저희 회사
当社	とうしゃ	당사
安心	あんしん	안심
大手企業	おおてきぎょう	대기업
中小	ちゅうしょう	중소
貴社	きしゃ	귀사

1. これが今回、弊社が開発した製品です。

2. 日本の企業と貿易するなんて、まるで夢のようです。

3. 友だちは選手なみのテニスの実力を持っている。

MEMO

unit. 14 貴社

일상회화

島津 ： もしもし、私はイロハ商事の島津と申しますが、貴社との新規取引を希望してお電話いたしました。

高杉 ： あ、そうですか。すみませんが、私の一存では決めかねますので、上の人と相談してから連絡いたします。

島津 ： 当社に関しての資料を郵便でお送りしますので、ご住所を教えていただけますでしょうか。

高杉 ： そういうことも含めて聞いてみるようにします。

島津 ： 実は、貴社が今年販売し始めた製品番号Ｍ０１７に興味があります。

高杉 ： ありがとうございます。とても人気があって飛ぶように売れています。

島津 ： なるほど。思ったとおりですね。ぜひお取引したいのでよろしくお願いします。

高杉 ： 2、3日以内にお電話いたしますので、電話番号をどうぞ。

어휘 표현

- ☐ 商事 상사
- ☐ 貴社 귀사
- ☐ 新規 신규
- ☐ 取引 거래
- ☐ 希望 희망
- ☐ 一存 혼자만의 생각
- ☐ 決める 결정하다
- ☐ 동사ます형+かねる ~하기 어렵다
- ☐ 相談 상담
- ☐ 連絡 연락
- ☐ 当社 당사
- ☐ 資料 자료
- ☐ 郵便 우편
- ☐ 住所 주소
- ☐ 含める 포함하다
- ☐ 実は 실은
- ☐ 販売 판매
- ☐ 製品 제품
- ☐ 興味 흥미
- ☐ 人気 인기
- ☐ 飛ぶように 날개 돋친 듯이
- ☐ 売れる 팔리다
- ☐ なるほど 과연
- ☐ 以内 이내
- ☐ 番号 번호

시마즈 : 여보세요, 저는 이로하 상사의 시마즈라고 합니다만, 귀사와의 신규 거래를 희망해서 전화했습니다.

타카스기 : 아, 그렇습니까? 죄송합니다만, 저의 생각만으로는 결정하기 어려우니, 윗사람과 상담하고 나서 연락하겠습니다.

시마즈 : 당사와 관련된 자료를 우편으로 보내 드릴 테니, 주소를 가르쳐 주실 수 있겠습니까?

타카스기 : 그런 것도 포함해서 물어보도록 하겠습니다.

시마즈 : 실은, 귀사가 올해 판매하기 시작한 제품번호 M017에 흥미가 있습니다.

타카스기 : 감사합니다. 매우 인기가 있어서 날개 돋친 듯이 팔리고 있습니다.

시마즈 : 과연. 생각했던 대로이군요. 꼭 거래하고 싶으니 잘 부탁합니다.

타카스기 : 2, 3일 이내에 전화할 테니 전화번호를 부탁합니다.

「貴社」와 관련된 것은 중급 13과에서 충분히 공부를 하였으니, 반드시 반복 학습을 하여 그 의미를 정확하게 알아두기 바랍니다.

私の経験を活かせると思い、貴社を志望しました。

저의 경험을 살릴 수 있다고 생각하여, 귀사를 지망했습니다.

貴社は今後の事業展開として、海外進出する可能性があるのでしょうか。

귀사는 앞으로의 사업 전개로서, 해외에 진출할 가능성이 있을까요?

私は貴社で商品プランナーとして働きたいです。

저는 귀사에서 상품 기획자로서 일을 하고 싶습니다.

貴社の杉本様宛てに資料を送付しております。

귀사의 스기모토 님 앞으로 자료를 송부했습니다.

unit. 14 貴社

勉強しましょう！

① 本日、貴社宛に請求書を発送いたしました。

② まだ貴社の製品を受け取っておりません。

③ 貴社で費用を負担していただけますか。

④ 貴社のますますのご発展をお祈り申し上げます。

어휘표현
- ☐ 本日(ほんじつ) 오늘　☐ ～宛(あて) ～앞　☐ 請求書(せいきゅうしょ) 청구서　☐ 発送(はっそう) 발송　☐ 製品(せいひん) 제품
- ☐ 受け取る(うけとる) 받다　☐ 費用(ひよう) 비용　☐ 負担(ふたん) 부담　☐ ますます 점점 더　☐ 発展(はってん) 발전
- ☐ お祈り(いのり) 기원　☐ 申し上げる(もうしあげる) 「言う-말하다」의 겸양어

勉強しましょう！ 상세설명

① 오늘 귀사 앞으로 청구서를 발송했습니다.

「～宛(あて)に」는 「～앞으로」라는 의미입니다. 「宛名(あてな):수신인명」 「宛先(あてさき):수신처」도 같이 알아둡시다.

「はがきを受(う)け取(と)る人の宛名を書(か)く面(めん)が表面(おもてめん)です:엽서를 받는 사람의 수신인명을 쓰는 면이 앞면입니다」

「宛先不明(ふめい)の郵便物(ゆうびんぶつ)が届(とど)いた:수신처불명의 우편물이 도달되었다」 입니다.

② 아직 귀사의 제품을 받지 않았습니다.

「受け取る」는 「받다, 수령하다」라는 의미입니다. 그 외에 「受(う)け持(も)つ:담당하다, 담임하다」 는 단어도 알아둡시다. 두 개의 예문을 보겠습니다.

「送ってくださった荷物はちゃんと受け取りました:보내주신 짐은 제대로 수령했습니다」

「あなたは会社でどんな仕事を受け持っていますか:당신은 회사에서 어떤 일을 담당하고 있습니까?」 입니다.

③ 귀사에서 비용을 부담해 주실 수 있겠습니까?

「費用:비용」 과 「負担:부담」 이라는 단어를 사용한 예문을 보도록 할게요.

「費用がかかりすぎて赤字になった:비용이 지나치게 많이 들어서 적자가 되었다」

「このようなことをしたらみんなに負担をかけます:이러한 일을 하면 모두에게 부담을 줍니다」 입니다.

④ 귀사가 점점 더 발전하는 것을 기원하겠습니다.

「ますます」 는 「점점 더」 라는 의미인데, 비즈니스의 편지문이나 이메일, 팩스 등에서 많이 사용합니다. 두 개의 예문을 보겠습니다.

「この数年、夏はますます暑くなっているように感じます:요 몇 년간 여름은 점점 더 더워지는 듯이 느낍니다」

「子供が歩けるようになり、ますます大変になった:아이가 걸을 수 있게 되어, 점점 더 힘들어졌다」 입니다.

unit. 14 貴社

もっと勉強しましょう！

① 契約書は御社で保管してください。
　→ 계약서는 귀사에서 보관해 주세요.

② 私が御社の担当になりました。
　→ 제가 귀사의 담당이 되었습니다.

③ 御社の利益を算出してみました。
　→ 귀사의 이익을 산출해 보았습니다.

④ 御社のご繁栄をお祈りします。
　→ 귀사의 번영을 기원하겠습니다.

어휘 표현

- 契約書(けいやくしょ) 계약서
- 御社(おんしゃ) 귀사
- 保管(ほかん) 보관
- 担当(たんとう) 담당
- 利益(りえき) 이익
- 算出(さんしゅつ) 산출
- 繁栄(はんえい) 번영
- 祈(いの)る 기원하다, 기도하다

 어휘연습

어휘	읽기	의미
新規		
希望		
一存		
含める		
興味		
以内		

 작문연습

1. 귀사의 제품에 관심이 있어서 전화를 드렸습니다.

2. 지금 바로는 결정하기 어려우니, 나중에 연락드리겠습니다.

3. 생각했던 대로 외국과의 거래가 중지되었다.

unit. 14 貴社

문제풀이

어휘	읽기	의미
新規	しんき	신규
希望	きぼう	희망
一存	いちぞん	혼자만의 생각
含める	ふくめる	포함하다
興味	きょうみ	흥미
以内	いない	이내

1. 貴社の製品に興味があってお電話をしました。

2. 今すぐは決めかねますので、後ほど連絡いたします。

3. 思ったとおり外国との取引が中止となった。

알아두기

일본 편의점 점포 수 Best 5

1위 세븐일레븐
セブン-イレブン 약 12,800

2위 로손
ローソン 약 9,800

3위 패밀리마트
ファミリーマート 약 7,600

4위 서클K
サークルKサンクス 약 9,800

5위 미니스톱
ミニストップ 약 3,500

 통계 : 2010년 7월

unit.15 何になさいますか

일상회화

島津　：　ご注文はお決まりでしょうか。何になさいますか。

高杉　：　今日のおすすめは何ですか。

島津　：　焼肉定食です。

高杉　：　じゃ、それにします。

島津　：　お飲み物は何になさいますか。

高杉　：　生ビールをください。

島津　：　焼肉定食と生ビールですね。少々お待ちください。

高杉　：　あ、生ビールは中でお願いします。

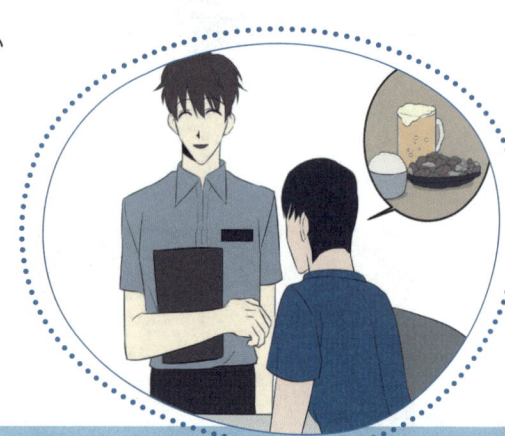

어휘 표현

- 注文(ちゅうもん) 주문 □ 決まる(き) 정해지다 □ なさる 「する-하다」의 존경어
- おすすめ 추천(요리) □ 焼肉(やきにく) 불고기 □ 定食(ていしょく) 정식 □ 飲み物(のもの) 음료수
- 生(なま)ビール 생맥주 □ 少々(しょうしょう) 잠시 □ 待(ま)つ 기다리다 □ 中(ちゅう) 중간

시마즈 : 주문은 결정하셨습니까? 무엇으로 하시겠습니까?
타카스기 : 오늘의 추천요리는 무엇입니까?
시마즈 : 불고기정식입니다.
타카스기 : 그럼, 그것으로 하겠습니다.
시마즈 : 음료수는 무엇으로 하시겠습니까?
타카스기 : 생맥주를 주세요.
시마즈 : 불고기정식과 생맥주이군요. 잠시 기다려 주세요.
타카스기 : 아, 생맥주는 중으로 부탁합니다.

「何になさいますか」는 점원이 손님에게「무엇으로 주문하시겠습니까?」라고 물을 때 사용하는 표현입니다. 반드시 조사「に」를 사용한다는 것에 유의하시기 바랍니다. 그리고「なさる」는「する-하다」의 존경표현이고, 겸양표현은「いたす」입니다.

くれぐれもご無理をなさらぬように、お体を大切にお過ごしください。
부디 무리를 하시지 말고, 몸을 소중하게 하며 지내주세요.
これからはいろいろな体験をなさることと思いますが。
앞으로는 여러 체험을 하실 거라고 생각합니다만.
では、お先に失礼いたします。
그럼 먼저 실례하겠습니다.
荷物をお持ちいたしましょうか。
짐을 들어드릴까요?

unit. 15 何になさいますか

勉強しましょう！

① お食事は何になさいますか。

② A : 何になさいますか。
　 B : もうちょっと考えてみます。

③ お飲み物は何になさいますか。

④ A : 何になさいますか。
　 B : 同じものをもう一杯頼みます。

어휘 표현
- □ なさる 「する-하다」의 존경어　□ 食事 식사　□ 考える 생각하다　□ 飲み物 마실 것
- □ 同じ 같음　□ 一杯 한잔　□ 頼む 부탁하다

勉強しましょう！ 상세설명

① 식사는 무엇으로 하시겠습니까?

이 문장에서는 어려운 표현이 없습니다. 이미 배웠던 내용이기에 단어공부를 해 보도록 하겠습니다. 「食後:식후」 「食前:식전」 「洋食:양식」 「和食:일식」 「偏食:편식」 을 암기해 두세요.

② A : 무엇으로 하시겠습니까?
　 B : 좀 더 생각해 보겠습니다.

「何でもいいです」 는 「뭐든지 좋습니다」 라는 의미입니다. 예를 들어, 「海へ行きますか、山へ行きますか:바다에 갑니까? 산에 갑니까?」 라고 물으면 「どこでもいいです:어디라도 좋습니다」 라고 대답을 할 수 있고, 「ビールにしますか、焼酎にしますか」 라고

물으면 「何でもいいです:뭐든지 좋습니다」 라고 대답을 할 수 있습니다.

③ 마실 것은 무엇으로 하시겠습니까?
음료수의 종류에 대해서 알아보겠습니다. 「ビール:맥주」 「サワー:사워, 위스키・브랜디・소주에 레몬이나 라임의 주스를 넣어 신 맛을 낸 칵테일」 「ウイスキー:위스키」 「日本酒(にほんしゅ):사케」 「ワイン:와인」 「焼酎(しょうちゅう):소주」 「ノンアルコール:무알콜 음료」 「ソフトドリンク:청량음료」 등입니다.

④ A : 무엇으로 하시겠습니까?
　B : 같은 것을 한잔 더 부탁합니다.
이 문장은 앞에서 배운 표현들을 회화문으로 만든 것입니다. 반복된 학습이야 말로 외국어 공부의 핵심이라는 것을 알아두기 바랍니다. 아, 참고로 「梯子酒(はしござけ)」는 장소를 옮겨가며 계속 술을 마시는 것을 의미하고, 「ざる」는 「술고래」, 「酒乱(しゅらん)」은 「술버릇이 나쁜 사람」을 의미합니다.

unit. 15 何になさいますか

① 社長におつなぎいたします。
　→ 사장님께 연결하겠습니다.

② 心よりお詫びいたします。
　→ 마음으로부터 사죄드리겠습니다.

③ それはあなたにお任せいたします。
　→ 그것은 당신에게 맡기겠습니다.

④ サンプルの写真を添付いたします。
　→ 샘플의 사진을 첨부하겠습니다

어휘 표현

- 社長 사장
- つなぐ 연결하다
- いたす 「する-하다」의 겸양어
- 心 마음
- お詫び 사과, 사죄
- 任せる 맡기다
- 写真 사진
- 添付 첨부

 어휘연습

어휘	읽기	의미
注文		
定食		
生ビール		
食後		
洋食		
焼酎		

 작문연습

1. 아이스커피와 사과주스로 하겠습니다.

2. 오늘의 추천요리는 몇 시까지 주문이 가능합니까?

3. 주문이 정해지는 대로 불러주세요.

unit. 15 何になさいますか

문제풀이

어휘	읽기	의미
注文	ちゅうもん	주문
定食	ていしょく	정식
生ビール	なまビール	생맥주
食後	しょくご	식후
洋食	ようしょく	양식
焼酎	しょうちゅう	소주

1. アイスコーヒーとリンゴジュースにします。

2. 今日のおすすめは何時(なんじ)まで注文(ちゅうもん)ができますか。

3. ご注文(ちゅうもん)が決(き)まり次第(しだい)、お呼(よ)びください。

MEMO

초판인쇄_2020년 11월 14일
초판발행_2020년 11월 14일
저자_이장우, 김영민
펴낸이_이장우
펴낸곳_도서출판 예빈우
표지디자인_손홍림
등 록 일 자_2014년 1월 17일
등록번호_제 398 - 2014 - 000001호
주소_경기도 구리시동구릉로129번길24, 103동 801호 (인창동 성원아파트)
전화_070-8621-0070
홈페이지_www.yebinwoo.com (도서출판예빈우)
        www.leejangwoo.com (이장우닷컴)
이메일_jpt900@hanmail.net

ISBN 979-11-86337-45-5(03730)

Copyright © 2020 이장우

* 이 교재의 내용을 사전 허가없이 전재하거나 복제할 경우 법적인 제재를 받게 됨을 알려 드립니다.
* 잘못된 책은 구입하신 서점이나 본사에서 교환해 드립니다.
* 정가는 표지에 표시되어 있습니다.